Joachim Hackler

Lernblockaden überwinden

Gemeinsam aus dem Leistungstief

Cornelsen
SCRIPTOR

Die in diesem Werk angegebenen Internetadressen haben wir überprüft (Redaktionsschluss 31. 9. 2003). Dennoch können wir nicht ausschließen, dass unter einer solchen Adresse inzwischen ein ganz anderer Inhalt angeboten wird.

S. 8: © Ulf Marckwort, Kassel
S. 18–22: Abb. aus: Betz, Dieter / Breuninger, Helga: Teufelskreis Lernstörungen. Beltz, Weinheim 5. A. 1998

Cornelsen online http://www.cornelsen.de

Gedruckt auf chlorfrei gebleichtem Papier
ohne Dioxinbelastung der Gewässer.

Bibliografische Information
Die Deutsche Bibliothek verzeichnet diese Publikation in der Deutschen Nationalbibliografie; detaillierte bibliografische Daten sind im Internet über http://dnb.ddb.de abrufbar.

5.	4.	3.	2.	1.	Die letzten Ziffern bezeichnen
08	07	06	05	04	Zahl und Jahr der Auflage.

Redaktion: lüra – Klemt & Mues GbR, Wuppertal
Typografisches Konzept: Magdalene Krumbeck, Wuppertal
Fotos: Dirk Krüll, Panama / laif, Düsseldorf
Umschlaggestaltung: Magdalene Krumbeck, Wuppertal
Satz: stallmeister publishing, Wuppertal
Druck und Bindearbeiten: Tesinska Tiskarna, Cesky Tesin
Printed in Czech Republic
ISBN 3-589-21574-7
Bestellnummer 215747

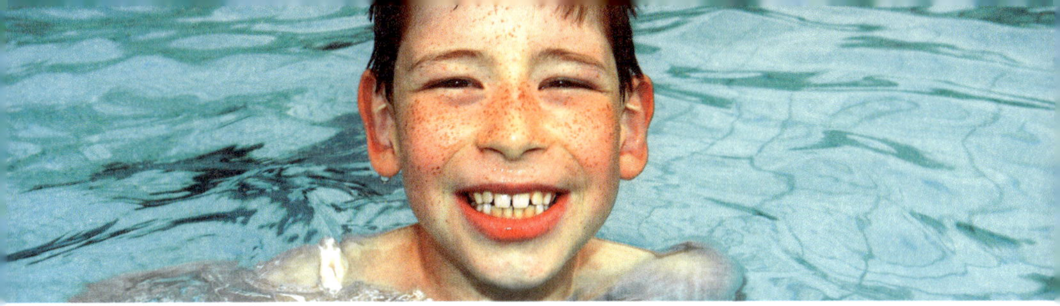

Inhalt

Vorwort

Vielleicht kennen Sie das: Die immer wiederkehrenden Auseinandersetzungen um Hausaufgaben und Üben zehren an den Nerven. Früher oder später liegen diese blank und es genügt oft der sprichwörtliche Funke, der das Ganze zum wiederholten Male explodieren lässt. Hinterher geht es allen Beteiligten schlecht, Tränen fließen. Beim nächsten Mal ist alles noch schlimmer ... Die Noten werden immer schlechter, Ihr Kind will gar nichts mehr lernen.
Doch Lernen müssen alle Kinder, und eigentlich wollen sie es auch. Das Lernen in der Schule folgt eigenen Gesetzen – manche Schülerinnen und Schüler kommen damit ganz leidlich zurecht, andere haben ihre Tiefs und bei einer Reihe von Kindern verdichten sich erste Schwierigkeiten zu ernsten Problemen. Wenn hieraus überdauernde Lernblockaden entstehen, dann ist die Not groß. Kinder geraten unter Druck, reagieren mit seelischen und körperlichen Folgeproblemen und Eltern werden immer rat- und hilfloser – alles, was sie machen, scheint nur noch falsch zu sein.

Der Teufelskreis Lernblockaden lässt sich durchbrechen.

Lernen Sie neue Ideen und Wege kennen. Sie erfahren in diesem Ratgeber, wie Sie die Probleme erfolgreich bewältigen können und wann professionelle Hilfe ratsam ist. Neben der lerntherapeutischen Erfahrung fließt auch die von Eltern und von Lehrkräften ein: Sie lesen, welche Lösungen bei Problemen im schulischen Alltag vernünftig sein könnten und wie man sie durchsetzt. Alle Anregungen sind im Alltag erprobt.

Was blockiert das Lernen?

Lernblockaden entwickeln sich nicht von heute auf morgen, sondern sind Ergebnis einer Entwicklung.

Nichts geht mehr

Lena, 11, ist eine aufgeweckte, ehrgeizige und an vielem interessierte Schülerin. In den Sachfächern wie Biologie, WUK (Welt- und Umweltkunde) kennt sie sich gut aus. Sie liest viel und arbeitet im Unterricht engagiert mit. Der nächste Biotest steht an; sie hat das Thema „Frösche und Lurche“ gut gelernt und will unbedingt eine Eins nach Hause bringen. Sie ist schon ganz aufgeregt und spürt, wie sich ihr Magen zusammenzieht. Doch da passiert das völlig Unerwartete: Sie liest die erste Aufgabe und hat „keinen blassen Schimmer mehr“. Alles, was sie gestern noch wusste, ist wie weggeblasen. Sie schaut sich in der Klasse um, die anderen schreiben schon fleißig. Das erhöht ihren Druck. „Ich muss den Anfang finden, sonst schaff ich gar nichts mehr!“, hämmert es ihr im Kopf ... „Es ist immer dasselbe mit dir ... nun geh das Ganze doch mal ein bisschen entspannter an!“ ... „Aber wie denn nur ...?“, fragt sich Lena nur noch und ist ganz verzweifelt: „Immer bin ich die Blöde!“
Jan, 9, ist ein stiller und intelligenter Junge. Doch er „hasst das dicke Mathebuch!“. Immer wenn die Hausaufgaben anstehen, sieht er den Berg vor sich und findet den Anfang nicht. Lustlos tigert er durch sein Zimmer, bis seine Mutter „ihn sich schnappt“ und mit ihm die Hausaufgaben beginnt. Doch das läuft nur so lange gut,

wie sie daneben sitzen bleibt. Wenn seine Mutter die Aufgaben bloß schreiben würde, denkt er, dann, ja dann würde es ihm auch wieder Spaß machen ... Mathe ist nicht wirklich sein Problem, es ist halt nur „das elende dicke Mathebuch". So ziehen sich die Hausaufgaben fast jeden Tag über Stunden hin; Jan kann sich aber erst dann zufrieden geben, wenn er alle Aufgaben erledigt hat. Beide sind am Ende völlig entnervt, doch am nächsten Tag beginnt das gleiche Ritual von neuem. Bald sind alle verzweifelt, doch es findet sich kein Ausweg aus dem Dilemma. Die Mutter denkt: „Ich kann ihn doch nicht auflaufen lassen" und Jan macht sich immer mehr Gedanken, warum er seiner Mutter nur so zur Last fallen muss.

Üben und Lernen – ein täglicher Kampf.

„Hast du deine Vokabeln auch genug geübt?" – „Ja, ja, Mama. Ich habe sie mir gerade noch mal angeschaut!" – Der wöchentliche Vokabeltest läuft an, Anna lässt viele Reihen offen, sie hat „keine Peilung" mehr und das Ergebnis reiht sich ein in die Serie der letzten Tests – alle unterm Strich. „Da musst du aber endlich mal richtig üben!", hört sie des Öfteren. Aber wie geht das denn anders? Zu Beginn der 5. Klasse und in der Grundschule hat ihr Englisch noch Spaß gemacht, aber jetzt „ist es das blödeste Fach! Ein Glück, dass nächste Woche kein Test kommt. Dann brauche ich die blöden Vokabeln erst wieder in 14 Tagen zu lernen."

Wenn wir die Beispiele genauer betrachten, lassen sich Gemeinsamkeiten ausmachen. Alle drei Kinder waren einmal mit Eifer und Freude dabei und haben gern gelernt. Nichts spricht dagegen, dass ihr Lernen auch Erfolg zeigt. Aber irgendwann glauben sie selbst (oder ihre Umwelt) nicht mehr daran. Da, wo sonst Wissen fließt, scheint nur noch ein Knoten zu sitzen, der alles blockiert. Lustlosigkeit und schwindendes Selbstvertrauen sind die Folge. Hier baut sich langsam, aber stetig ein Kreisprozess mit einem deutlichen negativen Vorzeichen auf. Das, was früher Spaß gemacht hat, funktioniert nicht mehr und keines der drei Kinder hat etwas an der Hand, um es anders, besser machen zu können. Im Gegenteil – sie ordnen sich oder die Umgebung ihnen selbst die Misserfolge zu. Selbst-Abwertungen und schwindende Motivation

sind unausweichlich, sie verfestigen sich zu einem Problem, weil sie sich verselbstständigen. Lernblockaden sind Stress-Phänomene, sie gehen oft einher mit bestimmten Formen des Lernens und daran gekoppelten Erfahrungen. In gewisser Weise könnte man sagen, Lernblockaden seien der seelische Spiegel von Leistungs- und Erfolgsdruck.

Vielleicht fragen Sie sich: „Hat mein Kind als einziges in der Klasse solche Schwierigkeiten?“ Wahrscheinlich nicht, der Anschein des Einzelfalls trügt – tatsächlich leiden Millionen von Kindern unter der Schule, am meisten natürlich die 25 Prozent aller Schülerinnen und Schüler, die – zumindest nach Noten – versagen. Trotz aller Bemühungen vieler Lehrer entstehen in und durch Schule zunehmend mehr Verhaltensstörungen, Kinder sind bedrückt oder reagieren gar körperlich: Depressive und psychosomatische Reaktionsmuster sind Teil eines Teufelskreislaufs. Das sind die Fakten:

- Experten schätzen, dass sieben bis zehn Prozent der Grundschüler *umschriebene* Lern- und Leistungsstörungen in einem Hauptfach aufweisen.
- Der Marburger Kinder- und Jugendpsychiater H. Remschmidt weist in einer Untersuchung zirka 13 Prozent aller sechs- bis 17-jährigen Schüler als beratungs- und behandlungsbedürftig aus.
- Bei mehr als einem Drittel der Zwölf- bis 17-Jährigen zeigen sich Kopfschmerzen, Nervosität, Unruhe, Konzentrationsprobleme, Schwindelgefühl oder Schlafstörungen – eine bedrohlich wirkende Zahl. Der Griff nach der „Lernpille" ist oft nicht mehr weit.
- Was Kopfzerbrechen bereitet, kann zu Migräne führen. Schule scheint zum gesundheitlichen Risiko geworden zu sein. Ketzerisch gefragt: Unterläge Schule der Kontrolle des Bundesgesundheitsamtes, wann würde sie vom Markt genommen?

Trotz aller mahnenden Stimmen hat die Bildungspolitik bis heute kaum schlüssige Konzepte entwickelt, die das System lernfreundlicher und im Sinne der Schüler erfolgversprechender machen könnten. Im Gegenteil werden im Zusammenhang mit der PISA-Studie neue Verschärfungen diskutiert. Eltern messen in nahe liegender Weise dem Schulerfolg ihrer Kinder für eine befriedigende Eingliederung in Gesellschaft und Beruf große Bedeutung bei. Entsprechend groß ist der Druck, den sie leider auch weitergeben. So heißt es dann allzu oft nur „Üben! Üben! Üben!" oder der Hausarzt wird bedrängt, medikamentös einzugreifen. Hier ist Aufklärung geboten, um gemeinsam einen unheilvollen Weg zu verhindern.
Vielleicht haben Sie „ein komisches Gefühl"? Der Ratgeber will Ihnen Mut machen, die Bedenken nicht einfach beiseite zu schieben, sondern genauer hinzuschauen und den Problemen auf den Grund zu gehen.

Lernstörungen entwickeln sich langsam; es gilt, ihre Vorzeichen richtig zu deuten und frühzeitig geeignete Hilfen einzuleiten.

Ich will, dass ich zu Hause bleib ...

Den nachfolgend abgedruckten Brief schieb ein Zweitklässler. Dieser intelligente und feinfühlige Junge hatte zum Glück Eltern, die seinen Ängsten auf den Grund gingen und erfahren mussten, dass die anhaltenden Lernprobleme und daraus resultierende Blockierungen mit „unsichtbaren“ Überforderungen begründet waren.

> *Mama, mihr geht es nie gut*
> *in der Schule hab ich ganz dole Kopfscherzen und zu Hause auch doler. mihr geht es nie gut. ich fule mich ganzenger oder saales noch. ich habe angzt das ich balt sterbe ir sagt das was ich machen soll, und ir er inert mich an das was ich euch geschriben hab und ich wil das ich morgen zu Hause bleib. bite bite mihr gings in der Schule kozik!*

In einem vielschichtigen Wechselspiel von Körper und Seele, in einem Kreislauf des Stresses schaukeln sich verschiedene Elemente gegenseitig auf:

Ein Kind hat Angst vor dem Versagen:
Und wenn ich das wieder nicht schaffe?!? ▼

Hieraus entwickelt sich schleichend eine so genannte Misserfolgsorientierung und -erwartung: Das schaffe ich doch nie! ▼

Der verschärfte Leistungsdruck bewirkt so genannte irrationale Überzeugungen: Alle können das, nur ich bin wieder mal zu blöd! ▼

Es folgen weitere Selbstzweifel, Selbstabwertungen und Schuldgefühle. ▼

Um diese zu umgehen werden ausgleichende (kompensatorische) Verhaltensmuster entwickelt: Flucht in Aggression, Depression oder Krankheit. ▼

Die Lern- und Leistungslücken werden immer größer. ▼

Am Ende stehen chronische Leistungsdefizite, eine Lernblockade: Nichts klappt mehr.

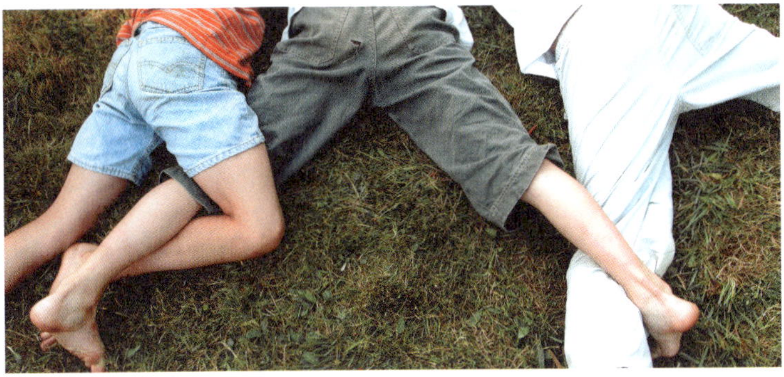

◂ Wichtig fürs Lernen: viel Bewegung.

Die schulischen Rahmenbedingungen

Was in einem Kind vorgeht, das steht in Wechselwirkung mit den äußeren Rahmenbedingungen. In der Schule gehören dazu:

- die Leistungsbewertung: schlechte Noten führen zur Abwertung des Schülers;
- die Organisation des Unterrichts: zum Beispiel der wenig lernförderliche 45-Minuten-Takt, Klassenarbeiten;
- der Lernstoff: Überbetonung der Wissensvermittlung gegenüber sozialem Lernen;
- das Verhalten der Lehrer und die Reaktion der Mitschüler: fehlende Anerkennung.

Die genannten Punkte müssen sich nicht immer und in jedem Fall negativ auswirken. Wenn ein Kind jedoch Probleme zeigt, dann haben gerade sie die fatale Eigenschaft, sich auszuweiten und Lernblockaden zu verfestigen. Da heißt es, rechtzeitig eingreifen und gegensteuern.

Das schulische Benotungssystem führt nicht selten dazu, dass der Wert einer Person nach ihrem schulischen Erfolg oder eben Misserfolg beurteilt wird. Darüber hinaus kommen in der Familie viele Faktoren zum Tragen: Neben ungünstigen Einflüssen aus der Geschwisterkonstellation können sich auch widersprüchliche Erwartungen auswirken. Hinter dem sichtbaren Verhalten der Eltern stehen ihre oft unbewussten Ansprüche oder persönlichen Enttäuschungen. Die gegenseitigen Abhängigkeiten sind vielschichtig, so kann sich das Symptom Lernstörung (= Misserfolge + Blockierungen + Selbstabwertung) schleichend in die Beziehungen innerhalb der Familie einnisten und diese nachhaltig stören.

Lernprobleme können das Familienleben beeinträchtigen.

Blockaden – einem Phänomen auf der Spur

Lernblockaden finden in unserem Kopf statt. Das heißt, sie sind eine Erscheinung unseres Bewusstseins – allerdings mit durchaus ernsten Folgen für die Betroffenen. Solche Blockierungen entstehen indes nicht zufällig, sondern sind an das Zusammentreffen wesentlicher Merkmale gekoppelt:

- Angst vor Misserfolg und Blamage,
- Stressempfinden: körperlich und seelisch hochgradig angespannt sein,
- erheblicher innerer Leistungsanspruch,
- vermeintlicher oder tatsächlicher Erfolgsdruck,
- Gefühl der Hilflosigkeit,
- Fehlen von Lösungsmöglichkeiten.

Innere und äußere Faktoren machen eine Entspannung der Situation unmöglich. Man könnte Lernblockaden mit einem anhaltenden Wadenkrampf im Schwimmwettkampf vergleichen: Es tut höllisch weh, lähmt und demotiviert enorm – und auf der anderen Seite hat man keine Chance, ohne Gesichtsverlust aufzuhören.
Blockaden sind also ein komplexes psychophysiologisches Phänomen, das im Wesentlichen durch eine vielfache Einengung, durch Begrenzungen im Denken, Fühlen sowie im Verhalten gekennzeichnet ist. Neben Denkblockaden aus dem Moment heraus (wie zum Beispiel Prüfungsstress) gibt es aber auch langfristig wirkende und sich verfestigende Lernblockaden. Diese bauen eine so genannte negative Lernstruktur auf und beziehen damit die gesamte Lebens- und Lernsituation mit in den Teufelskreislauf ein.

Denkblockaden – die Mauer im Kopf

Denkblockaden sind zunächst einmal ein Spezialfall von Stress, bei dem unser Denkvermögen „abgeschnitten" ist (so wie etwa im Fall „Lena"). Im Extremfall sehen wir uns mitten in einem Katastrophenfilm – jedoch ohne wirklich eingreifen zu können. „Gestern konnte ich es noch!" Was zu Hause noch gewusst wurde, ist unter dem Stress der Klassenarbeit „einfach weg" und noch schlimmer, „denn hinterher war mir alles wieder sonnenklar!" Stress entsteht also bevorzugt in solchen Situationen, in denen wir ihn am wenigsten brauchen können, weil es auf eine gute Leistung ankommt.

Lernblockaden bauen sich auf!

Im Sport gibt es ähnliche Phänomene: Im Training ging noch alles gut und dann im Spiel oder Wettkampf war nichts mehr zu holen. „Ich war mental nicht gut drauf", kommentierte einmal ein bekannter Profisportler seine Niederlage. In der Tat spielt die mentale Vorbereitung im Profisport eine zentrale Rolle. Denn dort ist das Phänomen nur allzu bekannt. Es hängt einfach zu viel von einem Erfolg ab, als dass man Sieg und Punkte vom Zufall abhängig machen könnte. Neben dieser „objektiven" Komponente von außen (es hängt halt viel vom Erfolg ab) gibt es natürlich immer auch die innere, die „subjektive" Seite. Je nachdem, wie ich mir Erfolg überhaupt zutraue, je nachdem, wie ich meine Leistungsfähigkeit einschätze, je nachdem, unter welchen Anspruch ich mich setze, je nachdem, wie ich Unerwartetes mental vorwegnehme und mich auf unterschiedliche Anforderungen einstellen kann: Es entsteht immer Stress, jedoch in unterschiedlichem Ausmaß. Wir spüren Stress immer körperlich, gefühlsmäßig und mental, also in unserer inneren Haltung. Dabei ist die „Eintrittsstelle" in diesen Kreislauf austauschbar. Es kann (wie bei Lena) beginnen mit dem Wahr-

Lernstörung =
Misserfolge
+ Blockierungen
+ Selbstabwertung

nehmen einer Aufgabe, für deren Lösung die rechte Idee fehlt. In Verbindung mit einer generell erhöhten Anspannung (typisch für eine Klassenarbeit) ist der Druck, anzufangen und eine „Idee für eine Lösung" zu finden, immens. Dieses „Schlagloch auf dem Lösungsweg" löst Angst vor Misserfolg und damit vermehrte körperliche Reaktionen aus, nämlich die Ausschüttung von Stresshormonen. Die Folgen sind zunehmende Blutleere im Hirn, ein pochendes Herz und Schweißausbrüche. Die innere Wahrnehmung registriert diese Stresssymptome und informiert unser rationales sowie das emotionale Bewertungssystem. Die Folge ist ein Anheizen dieses Kreislaufes, also „Panik!". Auch gut gemeinte Appelle von außen („Es wird Zeit, fang an!" – „Du brauchst dich doch nicht so aufzuregen!") tragen ungewollt zur Verschärfung bei. Ein weiteres Dilemma wartet: Wenn ich jetzt „aussteigen" könnte, würde der Stress schlagartig verschwinden, und damit würde dieses Vermeidungsverhalten unmittelbar und automatisch verstärkt werden. Das heißt aber auch: Das Risiko, es bei einem nächsten Male wieder nicht aushalten zu können, wächst dadurch deutlich.

Stress ist ein Schlagloch auf dem Weg zur Lösung.

Alarm im Zentralnervensystem

Das geschieht im Gehirn, wenn die sinnliche Wahrnehmung Alarm auslöst: Stresshormone aktivieren Gehirnzentren, die für „blitzartige" Reaktionen verantwortlich sind. „Flüchten oder standhalten" heißt die Devise, ruhiges Nachdenken ist in solchen Extremsituationen nicht mehr möglich. Wie kommt es dazu? Hier macht sich ein Erbe aus unserer frühen Entwicklungsgeschichte bemerkbar. Sowohl in der Tierwelt wie auch bei unseren frühen Vorfahren ist Stress das Anzeichen für akute Bedrohung bis hin zur Lebensgefahr. Da heißt es, blitzschnell reagieren, langes Nachdenken ist nicht nur unnötig, sondern lebensgefährlich. Also wurde unser Organismus im Laufe der Jahrtausende so programmiert, dass unser Stress-Management auf Reaktionsschnelligkeit mit Fluchtimpulsen optimiert wurde. Dieser Mechanismus hat sich so lange bewährt, weil er das Überleben sichert. Er ist jedoch unter den Bedingungen unserer heutigen Zivilisation nicht nur hinderlich, sondern, wie bei Lena beschrieben, mehr als schädlich geworden. Er verhindert eine situationsangemessene Reaktion, die da hieße: Ich denke erst einmal in aller Ruhe nach ...

Eine Denkblockade ist die häufigste Form aller Lernblockaden.

Denkblockaden machen vor keinem Thema, keinem Alter und keinem Anlass Halt. Dieses Phänomen kann uns zwei-, dreimal begegnen und wenn wir sehr viel Glück haben, uns dann bis zur nächsten Prüfung verschonen. Das ist aber nicht die Regel. Eine andere Entwicklung ist wesentlich wahrscheinlicher. Sie beschreibt einen Kreisprozess, eine negative Lernstruktur des Versagens und Blockierens. Was wir brauchten, wäre die Leichtigkeit eines Seiltänzers. Er kann sich von dem Blick in den Abgrund frei machen und sich auf dem Hochseil so bewegen, als laufe er auf sicherem Grund. Diese Professionalität bewahrt ihn vor dem Absturz.

So bauen sich Lernblockaden auf

Der Anfang ist immer derselbe: plötzlicher und unerwarteter Leistungsausfall in der Klassenarbeit – Leere im Gehirn und Versagen auf der ganzen Linie. Manchmal gelingt es noch, die notwendige Gelassenheit wiederzuerlangen, sodass alles noch einmal glimpflich vonstatten geht. Wenn die Symptome aber häufiger auftreten, entwickelt unser Gehirn eine Regel daraus, die dann Grundlage einer immer stabiler werdenden Erwartungshaltung wird. Misserfolge treten häufiger auf und führen einerseits zu (Selbst-)Abwertungen („Mann, bin ich blöd!") und im weiteren Verlauf zunächst zu einem erhöhten Anstrengungsdruck („Diesmal muss es aber klap-

Jugendliche, die die Schule schwänzen, leiden häufig unter überwältigenden Stresskreisläufen.

pen!"). Der vermehrte Stress besorgt ein Mehr desselben und wir können diese Schleife durchaus mehrfach durchlaufen – so wie in einer Spirale. Der Stress wird immer größer und wir kommen nicht wirklich vom Fleck. Hieraus entsteht noch mehr Druck, nämlich wiederum durch die Abwertungen („Mir ist langsam wirklich nicht mehr zu helfen!") und durch eine Erwartungsangst, dass die Blockade „gleich wieder losgeht". Wie das Kaninchen vor der Schlange sitzt man dann völlig gelähmt da und erwartet gleichsam, dass der Stress jeden Moment wieder um die Ecke kommt. Man spürt förmlich dorthin voraus und das geringste Vorzeichen wird als Beweis gesehen: „Jetzt ist wieder alles zu spät" und schon steckt man wieder mittendrin.

Stress bremst alle Bemühungen aus.

„Ich bin eben zu blöd!" Tatsächlich?

Hier baut sich eine sich selbst erfüllende Prophezeiung auf, die bewirkt, dass jemand nur noch die negativen Aspekte des Gefüges wahrnehmen kann. Kritik und Vorhaltungen tun ihr Übriges und im Nu sind alle Notausgänge vernagelt. Interpretiert ein Betroffener nun das ganze Geschehen als eigenes Versagen – „Jeder andere hätte es besser gemacht" –, sind alle Weichen auf Abstieg gestellt. Er findet sich ab und resigniert irgendwann. Was dann noch fehlt, ist ein Etikett, eine Erklärung für die anhaltenden Misserfolge. Gesucht wird eine Begründung, mit der man einigermaßen gut leben kann. „Ich bin zu doof" trifft zwar die innere Stimmung, aber wer will sich schon eine Blöße vor den Mitschülern geben? Also wären Zuschreibungen wie „Du bist aber unkonzentriert" oder „Ich könnte das, wenn ich es wirklich wollte" genauso angemessen wie jede äußere Zuordnung (es liegt an dem „blöden Lehrer", der Klasse, dem Fach, der Tagesform, den Eltern, die „immer nur meckern", oder ...). Je konkreter die Erklärungen in eigenen Worten und im Verhalten repräsentiert sind, desto glaubwürdiger sind sie. Nun suggeriert diese Beschreibung einen aktiven und autonom gesteuerten Erklärungsprozess. Doch ist dies nur um der besseren Darstellung willen so formuliert. Tatsächlich handelt es sich um einen vielschichtigen, aber vom Kind kaum steuerbaren, oft automatisch und in weiten Bereichen auch unbewusst ablaufenden Prozess.

In welcher Situation ist Ihr Kind?

Um zu überprüfen, ob sich Ihr Kind in solch einer negativen Leistungsspirale befindet, denken Sie einmal über die folgenden Fragen nach.

- Hat Ihr Kind schon des Öfteren über eine Denkblockade etwa in einer Klassenarbeit berichtet?
- Steht Ihr Kind vor Klassenarbeiten regelmäßig unter Druck? Macht es sich irgendwann nur noch nervös?
- Kann es irgendwie alle in der Familie damit anstecken?
- Wirkt Ihr Kind wenig stressresistent und erleben Sie es eher als (besonders) feinfühlig und durch besondere Anforderungen leicht irritierbar?
- Erleben Sie Ihr Kind als besonders ehrgeizig? Haben Sie manchmal den Eindruck, es setzt sich damit allzu sehr unter Erfolgszwang, der dann aber oft außer Stress nichts bringt?
- Gibt es einen auffallend negativen Notentrend in einem oder gar mehreren Fächern?
- Klagt Ihr Kind häufiger über Kopf- oder Bauchschmerzen, ohne dass dafür ein medizinischer Grund gefunden werden konnte?
- Kennen Sie andere Symptome, die in den Ferien oft „wie weggeblasen“ sind?

Wenn Sie drei oder mehr Fragen mit Ja beantwortet haben, sollten Sie hellhörig werden und versuchen, die Hintergründe näher zu erforschen.

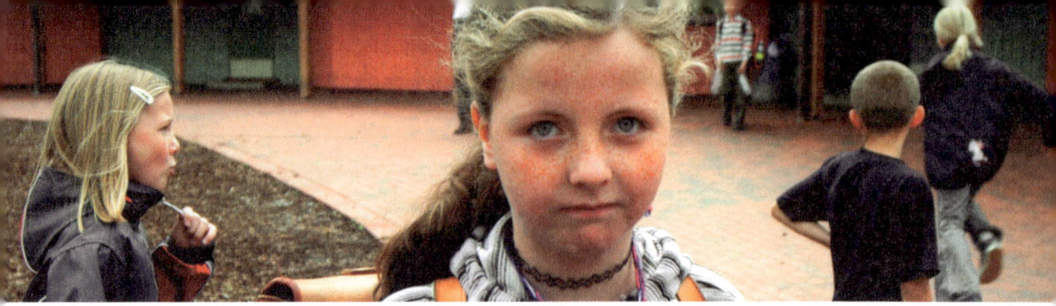

Den Lernblockaden auf die Spur kommen

Lernblockaden sind komplexe Gefüge; ähnlich wie bei Eisbergen ist aber der größte Teil unsichtbar. Sie entwickeln sich schleichend und über lange Zeit hinweg unbemerkt. Anhand des Beispiels Lese-Rechtschreib-Schwierigkeiten soll dieser Prozess beispielhaft aufgezeigt werden, um die Zusammenhänge erkennen und verstehen zu lernen.

In der Regel fängt alles ganz harmlos an. Wir wissen heute, dass die Voraussetzungen für den Erwerb der Kulturtechniken Lesen, Schreiben (wie auch Rechnen) lange vor Beginn der Schule heranreifen. Zunächst einmal müssen kleine Kinder sich in unserer gegenständlichen Welt zurechtfinden. Sie erfahren die Namen von Personen und Dingen und können diese zuordnen; sie lernen, dass eine Tasse immer eine Tasse ist, auch wenn sie mal auf dem Kopf steht. Zu diesem sehr, sehr vielfältigen Prozess gehören auch Fähigkeiten wie:

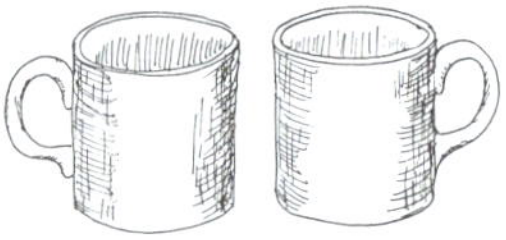

- Reihenfolgen wahrnehmen und bilden,
- Mengen und deren Veränderung erfassen,
- eine Orientierung im Raum entwickeln.

Irgendwann wird Kindern neben der gegenständlichen Welt der Tassen eine zweite Welt bewusst, die der Symbole. Hier gelten nun aber Besonderheiten, die Kinder sich erst erwerben müssen. In der Welt der Tassen spielt es keine Rolle, ob der Henkel nach oben oder unten, rechts oder links weist – eine Tasse bleibt immer eine Tasse. Doch in der Welt der Symbole sieht es plötzlich ganz anders aus.

Hier heißt es: Achte genau auf kleinste Abweichungen, denn im Nu bedeutet das Symbol etwas anderes. Dies ist für das Lernen in der Schule äußerst wichtig.

Zu Ihrer Orientierung: Wir bewegen uns hier in der Welt des Sehens, denn die lässt sich in einem Buch natürlich leichter darstellen. Der Vollständigkeit halber sei darauf hingewiesen, dass sich in der Welt der Hörverarbeitung Ähnliches nachweisen lässt. All dies und vieles mehr ist Teil eines faszinierenden Geschehens in unserem Gehirn. Dort werden unzählige Verbindungen zwischen den Nervenzellen gelegt und geschaltet. Und wir wissen heute, je vielfältiger die Anregungen, je stabiler die emotionalen Beziehungen in der Kindheit sind, desto effektiver werden die Verschaltungen gebildet – Kinder brauchen also beides, Sicherheit und Halt auf der einen Seite und zahlreiche Anregungen auf der anderen Seite.
Dennoch verläuft eine normale Entwicklung in einer relativ großen Bandbreite. Der Sprung in die Welt der Symbole vollzieht sich bei den meisten Kindern im Altersbereich zwischen vier und acht Jahren. Dann sind sie in der Lage, auf Details wie Drehung oder die Lage im Raum zu achten. Man könnte sich also eine Art Schalter vorstellen, der sich automatisch umlegt, wenn unsere Wahrnehmung zwischen den Welten der Tassen und Symbole wechselt. Aufgrund der Schwankungsbreite der Norm müssen wir jedoch davon ausgehen, dass ein Teil der Schulanfänger schon über diesen Mechanismus verfügt, ein anderer Teil jedoch noch nicht. Das kann Folgen haben, obwohl die Unterschiede in dieser Altersstufe völlig normal sind.

Am Beispiel Franz

Darf ich Ihnen Franz vorstellen? Er ist ein aufgewecktes Vorschulkind, das sich darauf freut, endlich in die Schule zu kommen, um Lesen, Schreiben und Rechnen zu lernen. Er hat völlig normale Eltern und auch die Lehrerin ist in Ordnung. Nur seine Tante Frieda ist manchmal etwas pingelig. Also, so weit alles im grünen Bereich – bis auf die Tatsache, dass Franz noch in der Welt der Tassen lebt.

Aber davon wissen weder er noch die anderen Beteiligten etwas ... Franz ist mittlerweile in der Schule und Lesen ist wieder dran. Das liebt er nicht, er weiß auch nicht warum, aber es scheint ihm nicht zu liegen. „Franz", hört er die Lehrerin rufen, „träum nicht! Lies mal vor!" Franz liest:

Dez Lezeu uuq Soqlelque zu leqleu qeqöll zu qeu Heuqleulqeqeu qel Gluuqzoqule uuq ez lzl lqle qeqeqoqlzoqe Aulqeqe, qelül zu zolqeu, qess wöqlloqzl weulqe Soqülel qeqeuüqel qlezeu Gluuqlolqeluuqeu velzeqeu.

Sie sind als erwachsener Leser ja sicher ohne Schwierigkeiten in der Lage, diesen Text zu lesen? Schließlich müssen Sie ja einfach nur genau hinschauen ... Wie, es klappt nicht so richtig? Also, dann strengen Sie sich doch mal ein bisschen mehr an! Nein, das ist mir zu stockend ... und geraten wird nicht ... Lesen ist angesagt! Also noch mal, bitte schön! Jetzt aber richtig! Was sollen Ihre Kinder nur von Ihnen denken? Ach, es klappt immer noch nicht? Wohl ein bisschen zu viel am Fernsehen oder vorm Computer, oder? ...
„... Des ... Lesen und ... Schreiben zu le.. lernen ..." – „Nun schauen Sie aber doch bitte einmal genauer hin ..." – „... zu lehren gehört ... zu den Hau... Hausaufgaben der Grundschule ..." – „Nein, so geht das aber nicht. Das sieht man doch, dass da ein ‚p' ist!"
Sie werden sich an dieser Stelle vielleicht in unseren Franz hineinversetzen können, wie er dasitzt und sich völlig überfordert fühlt. Für ihn ist es eine Qual. Ihm geht es ganz ähnlich: Immer soll er lesen, aber er hat doch keine Ahnung, was da steht. Die anderen wissen immer schon Bescheid, aber für ihn sieht alles gleich aus.
Ich will Sie nicht weiter auf die Folter spannen – die Auflösung:

Dez Lezeu uuq Soqlelque zu leqleu qeqöll zu qeu Heuqleulqeqeu qel Gluuqzoqule
Das Lesen und Schreiben zu lehren gehört zu den Hauptaufgaben der Grundschule

uuq ez lzl lqle qeqeqoqlzoqe Aulqeqe, qelül zu zolqeu, qess wöqlloqzl
und es ist ihre pädagogische Aufgabe, dafür zu sorgen, dass möglichst

weulqe Soqülel qeqeuüqel qlezeu Gluuqlolqeluuqeu velzeqeu.
wenige Schüler gegenüber diesen Grundforderungen versagen.

Sie sehen die Ähnlichkeit beider Texte. Wenn Sie die Übersetzung wieder ausblenden, werden Sie den ersten Text „besser lesen“ können als vorher. Weil Sie ihn kennen, ist er für Sie leichter rekonstruierbar. Beim Lesen spielen also Sinn-Erwartung und der Zusammenhang, in dem ein Text steht, eine wesentliche Rolle; Lesen ist eben mehr als nur das Erfassen und Aneinanderreihen von Zeichen. Lesen ist ein aktiver Prozess mit hohen Anforderungen an Wahrnehmung, Konzentration und kognitive (geistige) Verarbeitung. Der Prozess des Schriftspracherwerbs verläuft in Stufen. Neben auditiven, also Gehör-Fähigkeiten (Gespür für Silben, Rhythmus und Klang), die auch als phonologische Bewusstheit bezeichnet werden, spielen Motorik (Bewegungsfähigkeit) und visuelle Wahrnehmung (Sehen) eine zentrale Rolle. Eindeutig wird unsere Schrift dann durch die fortwährende Anwendung von Regelsystemen, Kenntnis von Wort- und Klangbildern und die Sinnerwartung, die sich aus dem Zusammenhang ergibt.

Lesen ist viel stärker, als uns das früher bewusst war, ein Denkprozess.

Bleiben wir hier zunächst weiter bei der visuellen Wahrnehmung. Wenn also verschiedene Buchstaben für ein Kind gleich aussehen (oder ähnlich klingen), die anderen aber hier verschiedene Bedeutungen zuordnen können, drängt sich der Vergleich zu einem Farbenblinden auf, der lernen muss, aus dem Zusammenhang zu entnehmen, ob ein bestimmter Farbton, der ihm immer gleich erscheint, einmal als rot, ein andermal als grün interpretiert wird. Er muss die Lücken erschließen.

Der Schüler liest sehr stockend, langsam und macht trotz dieser Langsamkeit sehr viele Fehler. Ein andermal werden die Wörter einfach geraten oder durch laut- oder bedeutungsähnliche ersetzt. Hieß der Satz im Buch nun „Der Besen steht an der Mauer.“ oder war es doch „Der Besen lehnt an der Wand.“...?

Nun sitzt unser Franz nicht allein in der Klasse und seine „erwartungswidrige Minderleistung“ – alle halten ihn für einen cleveren Kerl – im Lesen bleibt niemandem verborgen, sodass Franz gezwungen ist, sich auf sein Defizit einzustellen, um es auszugleichen. Er soll etwas verändern, doch er weiß nicht wie und weiß auch noch nicht mal wirklich, um was es eigentlich geht; schließlich sitzt er im Boot und kann nicht unter Wasser nachsehen, warum es festsitzt. Alle gut gemeinten Förderangebote, aller Druck, alle Appelle verhallen ungenutzt, solange sie nicht den wirklichen Kern treffen. Doch diese Erfahrungen nagen an seinem Selbstbewusstsein. Er verliert erst schleichend, dann mehr und mehr das Vertrauen in die eigene Leistungsfähigkeit.

Eine gewisse Zeit kann er über seine Probleme hinweggehen, einen Ausgleich suchen oder sich in Tagträumen aus der Leidenssituation hinausgleiten. Doch weil das Ganze für alle unerklärlich bleibt – „Kann er nicht oder will er nicht?“ –, muss eine Erklärung gefunden werden, mit der Franz leben kann, die ihn entlastet. Denn sein Druck wächst und wächst.

Da kommt ihm Tante Frieda ungewollt zu Hilfe. Sie bemängelt beim sonntäglichen Kaffeetrinken seine Ungeschicklichkeit und zieht ihre Schlüsse. „Der Junge ist zu unkonzentriert! Da kann es ja auch mit dem Lesen und Schreiben nicht klappen! Da“, zu den Eltern gewandt, „müsst ihr ihn mal härter anfassen. Schließlich soll aus dem Jungen ja noch was werden!“ Die Aussichten sind nicht rosig, aber die Erklärung ist gut. Mit der kann Franz leben, ohne sein Gesicht zu verlieren. Je nach Kontext und Persönlichkeit kann der Inhalt dieser Zuschreibung schwanken; sie trägt in der Regel jedoch zu einer Verfestigung eines Wirkungsgefüges bei, das sich im Laufe des Geschehens immer weiter verfestigt. Der Schüler entwickelt Verhaltensweisen, mit deren Hilfe er seine Situation zu kompensieren, also auszugleichen, versucht – die Umwelt versucht, mit allen „bewährten pädagogischen Mitteln“, ihn zu fördern, was von dem betroffenen Schüler aber oft nicht als Hilfe, sondern als Repression (also als Gegendruck) erlebt wird. Hieraus entsteht kein Weg aus seiner ungünstigen Position. In der Fachsprache spricht man von einer Stigmatisierung, wenn jemandem bestimmte, gesellschaftlich negativ beurteile Verhaltensweisen zugeschrieben werden. Im Gegenteil wird seine griffige Erklärung dafür, dass es mit dem Lernen nicht klappt (Defekt-Hypothese), verfestigt und damit der Ausweg aus der Blockade verbaut.

Dieser Lernprozess erfolgt in einem Wechselwirkungszusammenhang zwischen dem Schüler, seiner Lernleistung, seinem Selbstwertgefühl sowie dem jeweiligen Kontext, den Umweltvariablen. Dabei ist entscheidend, dass diese Wechselwirkung sowohl einen positiven Wirkungskreislauf als auch eine negative Lernstruktur hervorrufen bzw. bewirken kann. Ob ein Hilfsangebot wirklich eine Hilfe darstellt, entscheidet sich beim Betroffenen, nicht aufseiten des Anbieters.

Ob eine Maßnahme wie Nach-vorne-Setzen, Teilnahme am Förderunterricht, Nachhilfe und so weiter erfolgreich weil passend ist, entscheidet sich beim Kind. Und zwar dadurch, ob der Schritt tauglich ist, das beschädigte Selbstbewusstsein zu stützen.

Das ist der wichtigste Punkt einer Entwicklung, die mit ganz normalen alltäglichen Bedingungen angefangen hat und in massiven Lernblockaden endet. Diese Dynamik entfaltet sich im Wesentlichen durch die überdauernden Misserfolge, die beim Schüler ein Gefühl des Versagens hervorrufen. Wenn die nötigen Erfolge ausbleiben, verliert ein Kind den Glauben an sich und an seine Leistungsfähigkeit. Anstrengungsbereitschaft und Lernmotivation gehen zur Neige, vermeidende Verhaltensweisen nehmen zu und der Teufelskreis der Lernblockaden ist irgendwann nur noch mit großer Mühe zu durchbrechen. Selbst einzelne Erfolge bringen in einem fortgeschrittenen Stadium nicht mehr den gewünschten Effekt, weil das Selbstbewusstsein völlig zugemauert scheint.

Was als Schutz zu Beginn der Entwicklung nötig war, erweist sich im Verlauf als deutliches Hindernis. Dies ist ein Stadium, in dem meist ohne professionelle Hilfe von außen nichts mehr geht. Der hier beschriebene Entwicklungsverlauf kann prinzipiell auf alle Lernbereiche übertragen werden.

Nichts spornt mehr an als Erfolg.

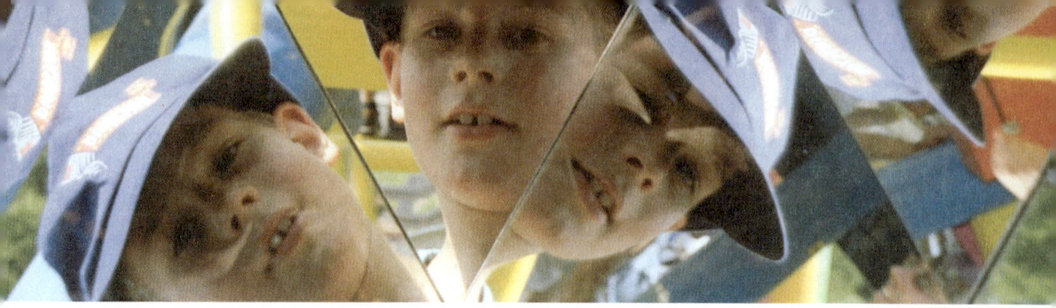

Risikofaktoren – hier wird's brenzlig

Es ist beruhigend zu wissen, dass die allermeisten Kinder ihre Schulzeit ohne größere Pannen durchlaufen. Genauso gewiss ist aber auch die Tatsache, dass immer eine Reihe von Herausforderungen und Schwierigkeiten darauf warten, gelöst zu werden. Ohne Probleme und Sorgen kommen nur die wenigsten über die Runden. Ja, sogar Krisen sind keine unüberwindbaren Katastrophen, sondern sollten als Chance gesehen werden. Ein Lehrer sagte einmal auf einem Elternsprechtag: „Kippen Sie bloß nicht wegen der Schule Ihre gute Beziehung zu Ihrem Kind über Bord!" – Recht hat er. Dennoch ist es sinnvoll, Risikofaktoren realistisch wahrnehmen und einschätzen zu können. Ob sich vorübergehende Lernprobleme verdichten und zu schwer wiegenden Lernblockaden auswachsen, hängt von einer Reihe von Risikofaktoren ab:

Erfolgreiche Menschen haben nicht weniger Probleme sie gehen nur anders damit um.

- Risiken aus der Entwicklung,
- Risiken aus der familiären Situation,
- Risiken aus dem Schulsystem und
- aus weiteren gesellschaftlichen Rahmenbedingungen.

Risikofaktor Entwicklung

Lernprobleme bauen sich langsam auf. Die Wurzeln reichen oft bis in die frühe Kindheit zurück. Als Faustregel kann gelten: Kinder, die in ihrer Entwicklung vor Beginn der Schule Besonderheiten aufwiesen, bedürfen einer besonderen Aufmerksamkeit. Die Voraussetzungen für das Erlernen der Kulturtechniken werden schon früh gelegt. Unser Gehirn steuert diesen Prozess und entwickelt sich gleichzeitig durch diese Schritte. Es gibt einen direkten Zusammenhang zwischen Greifen und Begreifen, zwischen Sehen und Erkennen, zwischen Wahrnehmen und Denken, zwischen Sprache und Rechtschreibung und zwischen Bewegung und Schrift.

Das ist der Boden für ein unermessliches Entwicklungspotenzial. Das Wechselspiel von inneren und äußeren Faktoren ist auf der einen Seite störanfällig, auf der anderen Seite enorm flexibel. Daher sollte hier auch keine Panik entstehen, denn aus den skizzierten Zusammenhängen entsteht keineswegs ein Automatismus: Es muss nicht automatisch schief gehen. Aber eine besondere Wachsamkeit der Eltern ist schon wünschenswert. Abweichungen in der Entwicklung sind kein Problem, wenn von der Umgebung Unterschiede toleriert und gewürdigt werden. Das klappt in der Regel im Vorschulbereich ohne Probleme. Bei Eintritt in die Schule wird die Unterschiedlichkeit der Schülerinnen und Schüler leider immer noch zu wenig berücksichtigt. Da ist dann nicht mehr die Individualität der entscheidende Maßstab, sondern vor allem anderen die erfolgreiche Erfüllung der schulischen Anforderungen. Und da fangen Misserfolge, Kränkungen und Selbstabwertungen an und setzen sich im Extremfall bis hin zu Lernblockaden fort.

Tipp

Kinder, deren Entwicklung in Teilbereichen wie Sprache, Motorik, Wahrnehmung oder Konzentration schon früh auffällig war, Kinder, die in einer therapeutischen Förderung (etwa Ergo-, Sprach- oder Physiotherapie) betreut wurden, sind nicht automatisch, jedoch möglicherweise Risikokinder in Bezug auf den Erwerb schulischer Fertigkeiten. Ihre Entwicklung bedarf einer besonderen Aufmerksamkeit von Eltern und Erziehern. Lehrer sind jedoch, allem guten Willen zum Trotze, meist nicht in der Lage, eine angemessene Einschätzung vorzunehmen. Sprechen Sie den Kinderarzt Ihres Vertrauens an. Wenn er Ihnen nicht selbst helfen kann, wird er Ihnen kompetente Beratung empfehlen können.

- Kinder mit Aufmerksamkeitsproblemen kommen schnell an ihre Grenzen, doch auch die durchschnittliche Aufmerksamkeitsspanne von Grundschülern beträgt nur wenige Minuten.
- Kinder mit grob- und feinmotorischen Problemen brauchen viel Bewegungsraum, sonst sind sie rasch überfordert.
- Kinder mit hoher Begabung brauchen viele Anregungen und immer wieder neues „Lernfutter“, sonst schalten sie rasch gelangweilt ab.
- Kinder mit Ängsten und Unsicherheiten brauchen viel Ermutigung und Vertrauen, sonst blockieren sie schnell.
- Kinder mit Wahrnehmungsunsicherheiten haben Schwierigkeiten beim Erlernen der Kulturtechniken – hier heißt es gut aufpassen.

Es braucht also einen guten Kontakt zur Schule und es bedarf der engen Abstimmung von Eltern und Lehrern, um hier eine gute Entwicklung zu ermöglichen. Darüber hinaus ist der Kontakt etwa mit dem Kinderarzt, der die Entwicklung des Kindes über einen langen Zeitraum verfolgen kann, mehr als hilfreich.

Risikofaktor Elternhaus

Für Eltern ist das Thema Schule ein Dauerbrenner, wie die nachfolgende dpa-Meldung vom März 2003 zeigt.

Für Eltern zählt nur die Schule

Die Deutsche Presse-Agentur dpa berichtet über eine Umfrage der Zeitschrift Eltern for Family, der zufolge sich fast jedes dritte Kind in Deutschland von seinen Eltern unverstanden fühlt. Besonders die Schule bereitet vielen Kindern Probleme: Jeder dritte Grundschüler sowie jeder vierte Haupt-, Real- und Gesamtschüler fühlt sich überfordert. Jedes dritte Kind habe zudem den Eindruck, seine Eltern interessierten sich ausschließlich für schulische Leistungen. Vor allem Grund- und Hauptschüler leiden auch darunter, dass Eltern zu wenig Zeit für sie haben.

Nicht wenige Eltern stecken in einem Dilemma. Auf der einen Seite sollten sie die kostbare Zeit mit ihren Kindern nicht durch ewigen Stress wegen der Schule vergeuden. Auf der anderen Seite wissen Eltern um den Wert eines guten Schulabschlusses für Zufriedenheit, Lebensqualität und beruflichen Erfolg im späteren Leben. Sie sind heutzutage mehr denn je in einer schwierigen Situation. Das Ziel „alles Gute für mein Kind“ ist klar, nur der Weg dorthin birgt Risiken, Umwege, Verirrungen und Ratlosigkeit en masse. Für diese wichtige und verantwortungsvolle Aufgabe gibt es keine Schule, keine Ausbildung. Jede Mutter, jeder Vater muss sich den eigenen Weg suchen. Dass dabei Fehler gemacht werden, gehört zwangsläufig dazu. Eine weitere Schwierigkeit liegt darin begründet, dass erst aus den Folgen einer Entscheidung zu erkennen ist, ob diese wirklich den erwünschten Erfolg bringt. Angesichts der auch für Eltern immer schwerer zu durchschauenden gesellschaftlichen Einflüsse scheinen richtige Entscheidungen oft zum Glücksfall zu werden. Um ungünstigen Entwicklungen entgegenzusteuern, ist es hilfreich, wenn Eltern

Gut gemeint muss nicht gut ankommen.

- ihren Aufgaben mit der nötigen Gelassenheit entgegentreten,
- sich und ihren Kindern auch Fehler eingestehen können,
- Offenheit für die Gefühle ihrer Kinder bewahren,
- auch in schwierigen Zeiten nicht vergessen, sich an ihren Kindern zu freuen und sie zu loben,
- dabei aber auch den Mut für klare Vorgaben, Regeln und Konsequenzen aufbringen, um ihren Kindern die notwendige Orientierung zu vermitteln.

Sie müssen nicht das Beste für Ihr Kind tun, bemühen Sie sich um Ihr Bestes – das genügt.

Was ihr eigenes Erziehungsverhalten betrifft, sollten Eltern also immer wieder selbstkritisch in einen Spiegel schauen. Dazu gehören der Austausch mit dem Partner, die Ratschläge anderer, etwa einer guten Freundin, die Teilhabe an den Erfahrungen anderer Eltern (ruhig auch bei Elternabenden in der Schule) oder die Anregungen aus Ratgebern wie diesem. Doch Vorsicht, Tipps und Hinweise von außen lassen sich selten eins zu eins umsetzen, sie stellen vielmehr Ideen dar, die kreativ auf die eigene Situation anzupassen sind. Also lassen Sie sich um Himmels willen nicht entmutigen; so wichtig wie das Selbstvertrauen für Ihr Kind ist, so wichtig ist es auch für Sie als Mutter oder Vater.

Auch Eltern brauchen Selbstvertrauen, um Halt geben zu können.

Manchmal hilft es, Tagebuch zu schreiben. Aus dem Verlauf heraus relativieren sich Ängste und Befürchtungen oft von selbst. Und befreien Sie sich unbedingt von dem Anspruch, es immer besonders gut machen zu müssen. Forschen Sie lieber, woher diese Verpflichtung rührt (etwa aus Ihrer eigenen Geschichte oder Lebenserfahrung, aus den eigenen Traditionen oder denen des Partners) und begegnen Sie ihr mit der nötigen Portion Gelassenheit und Abstand.

Risikofaktor Gesellschaft

Wir leben in einer Gesellschaft, die viele Chancen, aber auch eine Menge Risiken in sich birgt. Der Einfluss der Medien spielt hier eine zentrale Rolle. Ob es sich um Werbung, Fernsehen, Video, Kino oder Konsum handelt, vieles von dem, was auf uns und unsere Kinder einwirkt, hat einen großen, allerdings oft unbewussten Einfluss auf uns.
Die Werbung bringt es an den Tag. So sitzt in einem Werbespot zu einem Käse die Familie am Tisch und die Tochter preist die Vorzüge des Produktes in blumiger Werbesprache. Reaktion des Vaters: „Wenn du in Mathematik doch auch so gut aufpassen würdest wie bei der Werbung!" Genau darin liegt aber ein zentrales Problem: Werbung ist von Profis gemacht, um Verlockungen zu erzeugen –

Schule muss Bildung und Wissen vermitteln und das ist leider oft monoton und langweilig. Schule hat zwar auch keinen millionenschweren Werbeetat, aber Schule hat vielleicht auch elementare (werbe-)psychologische Erkenntnisse zu wenig beachtet. Doch ist dieser Gegensatz von Lernenwollen und Lernenmüssen im Grunde nicht auflösbar. Und das ist nun mal die Realität, dass unsere Kinder lernen müssen, auch mit Pflichten und Regeln zurechtzukommen.

> **Schülerin einer 11. Klasse:**
>
> „Ja, Schule, was ist das?! Es ist wirklich schlecht zu erklären. Also, unsere Schule ist so eine Art Gefängnis, in dem du bestimmte Leute meiden willst, sie aber trotzdem immer wieder triffst, in dem du eigentlich etwas Ordentliches lernen sollst, stattdessen aber hauptsächlich Schimpfwörter zu deiner eigenen Verteidigung lernst."

Risikofaktor Schule

Schülerinnen und Schüler in der Grundschule und zu Beginn der Sekundarstufe haben ganz eigene Sorgen. Sie beurteilen Schule danach, ob

- sie sich dort wohl fühlen,
- sie Freunde in der Schule haben,
- die anderen (vor allem älteren) Mitschüler nicht fies und gemein sind,
- die Lehrer freundlich und gerecht sind und ob
- Schule (auch öfter mal) Spaß macht.

Diese Aspekte sprechen für einen deutlichen Wunsch nach Lebensqualität auch in der Schule. Dies entspricht Untersuchungen, denen zufolge Lernerfolg und Zufriedenheit wesentlich abhängen vom Klima, das in einer Schule herrscht. Wenn man bedenkt, wie viele Stunden, Tage und Wochen unsere Kinder in der Schule verbringen, ist dieser Wunsch mehr als verständlich. Der Bildungspädagoge Otto Herz sprach einmal von Schule als einem „Haus des Lernens", einem Ort, in dem ...

- Zeit gegeben wird zum Wachsen,
- Umwege und Fehler erlaubt sind,
- intensiv gearbeitet wird,
- Freude am Lernen wachsen kann und dessen
- Räume einladen zum Verweilen – ein
- Haus des Lernens, in dem
- alle willkommen sind!

Leider sieht die Realität in vielen Schulen anders aus. Und die Aussichten werden angesichts knapper Kassen wirklich nicht besser. Nun können wir entweder den Kopf in den Sand stecken und uns freuen, dass es an der Schule unserer Kinder gottlob (noch) nicht so schlimm ist, oder wir machen uns bewusst, dass eine erfolgreiche und gute Schule mehr und mehr Aufgabe aller an ihr beteiligten Gruppen – Schüler ebenso wie ihre Lehrer und vor allem auch Eltern – sein wird. Dieses Engagement ist eine Investition in die Zukunft Ihrer Kinder und in eine Lernentwicklung ohne Lernblockaden und Schulstress. Natürlich müssen auch die politischen Vorgaben stimmen. So werden in letzter Zeit immer wieder Stimmen laut, die für eine Autonomie der Schulen eintreten; damit sollen die bürokratischen Vorgaben auf ein Minimum reduziert und der Raum für kreative eigenverantwortliche Lösungen geöffnet werden. Hier liegt perspektivisch auch eine große Chance und zugleich auch Verantwortung für Eltern. Sie können, ja sie müssen sich letztlich am Gestaltungsprozess des schulischen Lebens beteiligen. So kann der Förderverein der Schule Sponsoren für die Klassencomputer, den Schulgarten oder die Neugestaltung des Pausenhofs auftreiben. Die Eltern der Klasse legen gemeinsam mit ihren Kindern und deren Lehrern Hand an, um die Klassenräume zu renovieren und freundlicher zu gestalten. Ein angenehmer Nebeneffekt solcher Maßnahmen ist übrigens die Beobachtung, dass Schüler so lernen, sorgfältiger mit der Ressource Schulräume umzugehen. Der Übergang vom Kindergarten zur Schule trifft unsere Kinder weitaus härter, als wir uns das üblicherweise vorstellen können. Wir denken zwar sofort daran, dass nun „der Ernst des Lebens“ beginnt, und haben dabei vor Augen, dass sich die Kleinen lediglich an eine neue Umgebung gewöhnen müssen. Doch wenn

Kinder brauchen vielseitige Bestätigung – schaffen Sie den Rahmen dafür.

wir diesen Umlernprozess einmal genauer unter die Lupe nehmen, stellen wir erhebliche Einschnitte fest, die durchaus dramatische Folgen haben können. Wichtige Bereiche sind betroffen:

- Bewegung – nie lernt ein Mensch so viel über und durch Bewegung wie in der Zeit vor der Schule. Kinder müssen sich bewegen – sie lernen dabei sich selbst kennen, sie verarbeiten ihre Erfahrungen und sie probieren vor allem vieles Neues aus. So eignen sie sich ihre Umwelt an.

Eintritt in die Schule heißt umlernen.

- Selbstwirksamkeit – in der Welt des Kindergartens können sich die Kinder noch selbst als wirksam erleben, weil dort die Grenzen flexibler sind. Sie erleben sich als Mittelpunkt ihrer Welt und trauen sich eine Menge zu. Dieses Selbstvertrauen in die eigene Leistungsfähigkeit nimmt im Laufe der Schulzeit deutlich ab.
- Motivation und Neugier – diese Motoren des Lernens funktionieren vor der Schule noch ohne Stottern und Murren. Vorschulkinder sind herrlich kreativ, gehen den Dingen auf den Grund und lassen sich schnell begeistern. Das bringt sie weiter und ist für viele Erwachsene immer auch eine Quelle von Freude und Stolz.

Sitz still!

Bewegung ist Lernen – dieser Lernkanal ist der Garant für die Entwicklung im Vorschulalter. Bewegung ist Spiel, Ventil, Erprobung und soziale Erfahrung zugleich. Kinder sind hier spontan aktiv, wissbegierig und begeisterungsfähig. Das hat seine Ursache auch darin, dass sie sich als wirksam und effektiv erleben. Sie haben Einfluss auf das Geschehen (auch wenn manches aus der Erwachsenenperspektive ein wenig anders aussieht) und erleben sich als Mittelpunkt. Sie haben unendlich viele gute Ideen und wollen alles ganz genau wissen. Ein Grund dafür, dass sie irgendwann auch „reif" für die Schule sind. Sie wollen an der Welt der Erwachsenen teilhaben, wollen lesen, schreiben, rechnen lernen.

Lernen fällt ohne Bewegung schwer.

In der Schule wird Lernen jedoch anders organisiert. Sieht man einmal von unterschiedlich langen Eingewöhnungsphasen ab, heißt es eben früher oder später doch: „Jetzt bleibt erst einmal ruhig sitzen!" Lernen im Sitzen ist damit ein Muster, das sich über viele Jahre, gar Jahrzehnte als Lernmodell etabliert. Die Risiken und Nebenwirkungen werden uns jedoch immer bewusster. So zeigen Untersuchungen und Beobachtungen alarmierende Befunde auf: Die motorischen Fertigkeiten der Grundschulkinder nehmen rapide ab. Konnten vor Jahren Drittklässler noch ohne Probleme auf einem Bein stehen, balancieren oder wie ein Hampelmann in die Luft springen, fällt dies heute nicht nur übergewichtigen Kindern immer schwerer. Dieser Prozess hat viele Ursachen; diese liegen begründet in:

- einer Wohnsituation mit viel zu wenig Platz etwa im Kinderzimmer;
- dem Lebensrahmen unserer Städte (die Spielplätze sind rar und die Straße als Bewegungsraum fällt nahezu völlig aus);
- Freizeitaktivitäten ohne Bewegungsausgleich (Computer, Fernsehen und Video fixieren Kinder auf der Stelle);
- den modernen Kommunikationstechniken (Handy und Telefon erlauben eine unmittelbare Erreichbarkeit und machen kurze Besuche überflüssig);
- der knappen Zeit (Eltern haben aufgrund ihrer vielen Verpflichtungen heute weniger Zeit für ihre Kinder, Großeltern sind im Alltag kaum noch verfügbar).

Dieser allgemeine Trend des Bewegungsmangels setzt sich in der Schule in besonderem Maße fort und trifft dort alle Kinder. Nicht nur diejenigen, die Bewegung am nötigsten hätten, können von häufigeren Bewegungspausen profitieren. Letztlich kommen solche Unterbrechungen Schülern wie Lehrern gleichermaßen zugute. Wenn man bedenkt, dass die durchschnittliche Konzentrationsspanne von Erst- und Zweitklässlern unter zehn Minuten liegt, kann man sich vorstellen, wie oft sie im traditionellen Unterricht abschalten. Hier würde Bewegung auch die Aufmerksamkeit wieder in Bewegung bringen. Allen würde Unterricht mehr bringen und nebenbei auch mehr Spaß machen.

Wenn Kinder in und durch Bewegung so viel lernen, dann lässt sich dieser Kanal auch vorzüglich für das Nachlernen oder Nachreifen von zentralen Entwicklungsfunktionen nutzen. Wenn Kindern mit solchen Defiziten aber aus Unkenntnis, Mangel an Möglichkeiten oder aber auch aus Prinzip das „Lernen mit Hand und Fuß" verwehrt wird, verfestigen sich Defizite ungleich schneller und wachsen sich unter den strengen Vergleichsbedingungen mit anderen auch rasch zu Lernblockaden aus.

Kinder in Bewegung bringen

Was folgt daraus für den Alltag in der Schule, aber auch zu Hause? Das Wichtigste ist, dass wir Erwachsenen, die für das Wohl und die Entwicklung der Kinder verantwortlich sind, uns immer wieder bewusst machen: Bewegen hilft beim Lernen. Das heißt, dass wir einerseits Gelegenheit für einen hinreichenden Bewegungsausgleich schaffen sollten und dass wir andererseits auch mit dem Bewegungsbedürfnis von Kindern flexibler umgehen lernen sollten – es braucht hier mehr Gelassenheit. Was nicht heißen soll, dass Kinder ohne Grenzen über Tische und Stühle toben dürfen. Aber wir sollten (in und außerhalb von Schule) unsere Wahrneh-

Wenn ein Kind arbeitet, lernt es spontan, frei, freudig, intensiv und ohne Belohnung.
(Maria Montessori)

mung schärfen, damit wir mitbekommen, wann ein „break", eine Bewegungspause („have a break – have a move") angezeigt ist. Solch eine kurze Unterbrechung ist förderlicher für Konzentration und Motivation als hundert Ermahnungen „Nun bleib endlich mal ruhig sitzen!". Wir müssen davon ausgehen, dass das einzig Gemeinsame einer ersten Klasse die Schulpflicht und eine ungefähre Altersgleichheit sind. Dann hört es aber schon auf und bei genauem Hinsehen finden wir zentrale Unterschiede im Entwicklungsstand in den wichtigsten Bereichen. Dieses eigentlich uralte Dilemma wurde schon in den sechziger Jahren des vergangenen Jahrhunderts diskutiert. Doch das, was als Vorschulförderung herauskam, war allzu programmiert und pauschalisiert. Ähnlich gestaltet ist die Vorschule als Teil des Schulsystems oft heute noch.

Eine Schulklasse ist alles andere als eine Gruppe von Gleichen.

- Kinder, die noch Schwierigkeiten mit den zweidimensionalen Symbolen Buchstabe und Zahl haben, brauchen den Rückgriff auf dreidimensionale, handlungsbezogene und aktive Lernformen (zum Beispiel statt Schwungübungen auf dem Papier besser Buchstabenmalen im Sand).
- Kinder, die noch nicht über einen langen Zeitraum still sitzen können, brauchen ein Lernen in und durch Bewegung, brauchen Bewegungspausen dann, wenn ihr Aufmerksamkeitsakku leer zu gehen droht.
- Kinder, die (erfreulicherweise!) noch sehr verspielt sind, brauchen einen fliegenden Start in den Schulvormittag und die Möglichkeit zu handlungsorientiertem sozialem Lernen.
- Kinder, die sich nicht trauen, brauchen einen vielseitigen, Vertrauen schaffenden Umgang miteinander.
- Kinder, die über die Stränge schlagen, brauchen eine Orientierung, eine Beziehung zu einer für sie identifizierbaren Bezugsperson, aber auch Ventile und die Möglichkeit zu Auszeiten.

Zusammengefasst folgt hieraus also: Je flexibler und abwechslungsreicher schulisches Lernen organisiert ist, desto mehr wird dem Entstehen von Lernblockaden entgegengewirkt. Die Aktivitäten von Eltern sollten hier also in drei Richtungen gehen, um dem Kind weitmöglichst gerecht zu werden:

- Anerkennen, dass es ist, wie es eben ist;
- in Abstimmung mit anderen Eltern und den Lehrern für eine flexiblere Struktur von Unterricht eintreten und schließlich den eigenen
- Raum für Gestaltungsmöglichkeiten für Ventile im Freizeit- und häuslichen Bereich nutzen.

Weitere schulische Risiken liegen eigentlich in allem, was Ihrem Kind in der Schule begegnet. Die Zusammensetzung der Klasse kann eine Chance, aber auch eine Belastung darstellen. Der Lehrer kann ein Glücksgriff sein, aber auch Probleme mit sich bringen. Viele der hier wirkenden Faktoren lassen sich kaum oder gar nicht beeinflussen. Dennoch ist es wichtig, sie zu kennen:

- Schulweg (Macht- und Drohspielchen bis hin zu Mobbing),
- Schulgebäude (räumliche und materielle Ausstattung)
- Mitschülerinnen und Mitschüler (Klassengröße, Rivalitäten, Cliquen, Ausgrenzungen),
- Lehrer (Erscheinung, persönliche Art, Überforderung, Gerechtigkeit),
- Hausmeister (Autoritätsperson),
- Notensystem (Ungerechtigkeit, Undurchschaubarkeit, Starrheit),
- Unterschiedlichkeit der Lernvoraussetzungen und der familiären/persönlichen Hintergründe der Kinder,
- Übergänge zu höheren Klassen/weiterführenden Schulen
- Klassenwiederholungen oder Rückstufungen,
- Unsicherheit der weiteren schulischen und beruflichen Laufbahn,
- Risiken aus dem ganz normalen schulischen Alltag.

Lernblockaden haben meist mehrere Ursachen.

Um Missverständnissen vorzubeugen: Die genannten Faktoren führen keineswegs automatisch zu Lernstörungen oder -blockaden. Und in der Regel wirkt auch nicht ein Faktor alleine. Aber die Quellen für Verunsicherungen sind manchmal wesentlich vielfältiger, als wir uns das träumen lassen. Eltern können nicht alles wissen, was ihrem Kind so widerfährt, und mit den meisten Herausforderungen kommen Kinder auch gut zurecht. Aber wenn es Hinweise auf Irritationen gibt, sollten Sie allen Spuren nachgehen.

Hierzu gehören Äußerungen von Unlust, Ängste, körperliche Symptome (die in der schulfreien Zeit schlagartig aufhören) und Ausweichmechanismen der unterschiedlichsten Art.

Was Kinder umtreibt

Es kann für einzelne Kinder schwer sein, morgens aus dem Haus zu gehen. Sie müssen einen geschützten Raum verlassen und können nicht wissen, wer oder was ihnen begegnet. Gerade Kinder, die besonders feinfühlig sind, können durch lärmende Mitschüler im Bus oder auf dem Weg zur Schule schon nachhaltig verunsichert werden. Und es kommt doch häufiger vor, dass hier Größere ihre Machtspielchen treiben und beispielsweise mit der „Tonne" eines Kindes Fußball spielen. Wenn dann die Bleistifte nur noch abbrechen und der Lehrer schimpft, setzt sich der Stress fort. Manche Kinder mögen die Ursache aber nicht beichten und fressen den Kummer in sich hinein. Diese Kinder reagieren auch auf Ermahnungen und Regelungen von Seiten der Autoritätspersonen nicht so selbstbewusst wie robuste Persönlichkeiten. Hier kann sich also schleichend eine Last aufbauen, die Lernmut und Zuversicht auf Dauer ausbremst.

Es gibt viele Stressfaktoren – achten Sie darauf.

Ähnlich verunsichert kann Ihr Kind zum Beispiel auch auf die Situation auf der Schultoilette reagieren. Dieser ohnehin sehr sensible Bereich ist eine der äußerst kritischen Zonen in der Schule. Nicht nur, weil es hier meist an der hygienischen Qualität mangelt, sondern auch, weil das natürliche Bedürfnis nach Schutz und Intimität hier selten gewährleistet ist. So kann hier im wahrsten Sinne des Wortes ein Druck entstehen, der sich an anderer Stelle blockierend auswirkt. Auch die umgekehrte Richtung hat ihre Bedeutung. In manchen Schulen sind die Toiletten (aus gutem Grunde) während des Unterrichts verschlossen und Schüler müssen im Unterricht aushalten. Das kann für jüngere, aber auch ältere Schüler durchaus zur Qual werden.

Oft sind es diese scheinbaren Nebensächlichkeiten des Schulalltags, die sich schleichend zu Problemen verdichten. Wenn dann noch Leistungsprobleme hinzukommen, kann schnell eine blockierende Wirkung entstehen. Erfahrungsgemäß tippt man auf der Suche nach Ursachen schnell auf „Schulleistung" und „Erfolg", die Wirkung der Rahmenbedingungen wird dagegen leicht unterschätzt. Manche mögen einwenden, das könne doch nicht entscheidend sein: „Das sind doch Peanuts!" Aber genau das macht den entscheidenden Unterschied aus: Es kommt nicht in erster Linie darauf an, wie etwas gedacht ist, sondern vielmehr darauf, wie es *wirkt*, wie es beim Betroffenen ankommt. Gleiches gilt auch für gut gemeinte Appelle: Entscheidend ist auch hier, wie es ankommt. Und wenn ich gelernt habe, dass immer ich die Ursache allen Übels bin, sind meine Wahrnehmung und meine Bewertungsmechanismen entsprechend sensibilisiert. So kann auch ein gut gemeintes „Na, das wird schon nicht so schlimm sein" empfunden werden als ein „Der nimmt mich doch auch nicht ernst".

Suchen Sie Rat bei Erwachsenen, belasten Sie Ihr Kind nicht unnötig.

Die Lehrerin ist gemein

Kim kommt mit der etwas rauen und bestimmten Art ihrer Klassenlehrerin nicht zurecht. Sie befürchtet immer gleich, dass „die mit mir meckern will". Bevor sie etwas Falsches sagt, schweigt sie lieber. Sie macht sich im Unterricht schon immer kleiner, damit sie bloß übersehen wird. Sie hat schon Angst vor nächster Woche, da sollen alle das Gedicht auswendig aufsagen. – Es ist auch für Kims Mutter nicht einfach, dies bei der Lehrerin anzusprechen; aber als sie sich schließlich ein Herz fasst, ist es gar nicht so schlimm wie befürchtet. Im Gegenteil, die Lehrerin ist sogar dankbar für die Rückmeldung und im Übrigen ist ihr das Thema auch schon länger bekannt.

Eltern sind oft hin und her gerissen zwischen dem Wissen, dass sich ihr Kind an die Gegebenheiten anpassen sollte, und dem Wunsch, alles Gute für ihr Kind zu erreichen. Dieses Dilemma lässt sich im Grunde auch nicht auflösen; hier heißt es vielmehr, immer wieder neu zu reflektieren und zu entscheiden, wie im konkreten Fall weiter vorzugehen ist. Dazu gehört aber immer auch:

- Das Kind ernst nehmen, mit all seinen Sorgen und in seiner Sicht der Dinge.

- Das Kind ermutigen und mit ihm konkrete Handlungsmöglichkeiten planen oder üben.
- Das Gespräch mit den Lehrern nicht vermeiden.
- Die eigene Position mit allen Unsicherheiten und Fragen im Austausch mit Freunden und Verwandten reflektieren.
- Die Ebene der anderen Eltern in der Klasse oder Schule miteinbeziehen
- Sich im (andauernden) Zweifelsfall rechtzeitig Rat von außen zu holen.

Richtiges Lernen

Lernziele sind zunehmend integrativ, es geht nicht allein um die Wissensvermittlung, sondern um den Erwerb von Schlüsselqualifikationen, um auch zukünftigen Herausforderungen gewachsen zu sein. Es geht hierbei darum, wie jemand befähigt ist, sich auf die wachsenden und sich enorm verändernden Bedingungen unserer „beschleunigten Gesellschaft" jetzt und zukünftig einzustellen. Im Informations- und Kommunikationszeitalter kommt es mehr denn je darauf an, flexibel zu bleiben und „lebenslang lernen" zu können und zu wollen. Entscheidende Qualifikationen sind also:

Menschenfreundlichere Schule – eine Aufgabe für alle.

- Teamfähigkeit – Lernziel: soziales Lernen,
- lebenslanges Lernen – Lernziel: Lernbereitschaft und selbst gesteuertes Lernen,
- Kompetenz im Umgang mit neuen Technologien – Lernziel: Medienkompetenz,
- autonomes Lernen – Lernziel: selbst gesteuertes Lernen,
- Selbstbewusstsein – Lernziel: Selbstwirksamkeit.

Etwas flapsig könnte man sagen: Schülerinnen und Schüler müssen nicht mehr alles wissen, sie müssen nur wissen, wo und wie sie eine Information rasch und flexibel abrufen können. Das heißt aber auch, wenn es gelingt, Kinder und Jugendliche zum Nachdenken über ihr Lernen anzuregen, sie zu ermutigen, sich selbst beim Lernen zu beobachten, um die eigenen Lernmuster zu erkennen und zu optimieren, ist das ein zukunftsorientierter zieldienlicher Schritt. Doch wird derzeit darauf in allen Schulstufen wie auch zu Hause viel zu wenig geachtet. Der Informationsgrad ist bei allen Beteiligten ausgesprochen gering ausgeprägt.

Lob des Fehlers

Wir brauchen eine neue Fehlerkultur: Es kommt nicht darauf an, keine Fehler zu machen, sondern darauf, was man aus ihnen lernt.

Stellen Sie sich bitte einmal die ersten Gehversuche eines Kleinkindes vor. Da erleben wir erfolgreiche erste Schritte, aber immer auch wieder Stolpern, Hinfallen oder Krabbeln zwischendurch – bis es endlich mit dem Laufen klappt. Dahinter stehen unerschöpfliche frühkindliche Bedürfnisse nach neuen Erfahrungen, eine große Portion Selbstvertrauen und eine kaum zu erschütternde Zuversicht. Die Erwachsenen ermutigen, freuen sich mit ihrem Kind über diese ersten Schritte und warten ab. Und das ist auch gut so, denn wenn hier Rückmeldungen wie in der Schule erfolgten – also ein „das ist aber falsch“ oder „da musst du dich aber ein bisschen mehr anstrengen“ – dann brauchten wohl viele Kinder eine „Lauflerntherapie“. Gewiss, Laufen ist vielmehr ein von innen bestimmter Prozess als schulisches Lernen, aber der klassische schulische Umgang mit Lernfehlern ist schon mehr als problematisch.

„Ich freue mich über jeden Fehler, den meine Schüler machen“, sagte einmal eine Schweizer Grundschullehrerin in einer viel beachteten Fernsehproduktion von Reinhard Kahl, die auch heute immer noch ihre Bedeutung hat. Von einem „Lob des Fehlers“ können indes viele Schüler nur träumen. Selbst in der Grundschule gilt der Grundsatz „Fehler sind ein Fenster zur Lösung“ nicht immer und überall. Allzu oft gilt eine Nullfehler-Linie nicht als Ziel, sondern als Norm, die über Wert und Wohl der Schüler entscheidet. Die Binsenweisheit „Probieren kommt vor dem Studieren“ scheint

Erfolge ohne Misserfolge und Leistung ohne Fehler, das ist wie Tage ohne Nächte und Berge ohne Täler!
(Vera F. Birkenbihl)

Tipp

Ideal ist natürlich, wenn Lerntechniken in der Schule vermittelt werden. Leider kann man dies nicht voraussetzen. Sehr gelungene Ratgeber für Eltern und Kinder zum Thema „Lernen lernen" gibt es im Buchhandel. Besonders hervorzuheben sind die Bücher von Wolfgang Endres, teils hervorragend aufbereitete Programme zum Selbst-Durcharbeiten. Meist bieten die örtlichen Bildungsträger (Volkshochschulen, Kinder- und Jugendhilfe etc.) Kurse zu Lerntechniken an und auch Lerntherapeuten vermitteln solches Grundlagenwissen.

in manchen Schulen nicht zu gelten. Fehlversuche werden bestenfalls toleriert, aber nicht wirklich als kompetente Aktivitäten gewürdigt.

Null Toleranz bei Fehlern

Max ist ein aufgeweckter, freundlicher und aktiver Junge, ein Star in seiner Fußballmannschaft, ein Junge mit einem besonderen Talent zum Malen und mit vielen Freunden. Ihm ist aber regelmäßig schlecht – genau genommen von Sonntagabend bis Freitagmittag. Heute ist es besonders schlimm, denn die Lehrerin hat einen „kleinen Mathetest" angekündigt. Sie teilt die Schülerinen und Schüler des ersten Schuljahres in A- und B-Gruppen ein. Noten gibt es ja eigentlich noch nicht in ihrer Stufe, doch die drei Gesichter ☺ – 😐 – ☹ regeln schon früh den Wert jedes einzelnen Schülers. Nur wer den lachenden Smiley hat, hat Grund zum Lachen. Die anderen haben es nicht wirklich geschafft. Doch der Stress geht jede Woche in eine neue Runde: Wer einen Satz nicht fehlerfrei abschreiben oder ein Päckchen ohne Radieren rechnen kann, der hat versagt, der hat nichts zu lachen.

Gute Schulen müssen kein Traum bleiben.

Diese Haltung ist wenig vereinbar mit kindlichen Lernstrukturen und Erkundungsverhalten. Kinder kommen mit einer gesunden und in ihrem bisherigen vorschulischen Leben bewährten Grundausstattung an Neugier, Aktivität und Lebendigkeit in die Schule. Ihre Art zu lernen ist das Forschen. Sie probieren aus und eignen sich den Wissensstoff auf ihre jeweils ganz persönliche Weise an. Ein Blick in einen Kindergarten oder auf einen Spielplatz zeigt: Aktivität, Bewegung und Spiel sind die typischen, weil bewährten kindlichen Aneignungsformen.

So tragen Sie zum Schulerfolg bei

- Suchen Sie das Gespräch mit den Lehrern Ihrer Kinder (und zwar nicht nur an den so genannten Elternsprechtagen).
- Geben Sie – vor allem auch positive – Rückmeldungen (was hat Sie gefreut, überrascht, was hat geholfen ...).
- Tauschen Sie sich mit den Eltern der Mitschüler Ihrer Kinder aus.
- Werben Sie auf den Klassenelternabenden für Initiativen.
- Lassen Sie sich von der Passivität und der negativen Haltung anderer Eltern nicht anstecken oder lähmen! Auch wenn es immer nur der „harte Kern“ ist, der sich engagiert – das ist besser, als dass es niemand täte.

Hilfreiche Hinweise für den richtigen Umgang mit Noten gibt ein Band der Reihe Eltern-Sprechstunde: Monika Rebitzki, Noten: kein Grund zur Panik. Leistungsbeurteilungen sinnvoll nutzen.

So können Sie das Lernen leichter machen

Der Eintritt in die Schule ist eine sensible Schnittstelle zwischen unterschiedlichen Lern- und Erfahrungswelten. Eltern und Lehrer sollten gemeinsam versuchen, diesen Anpassungsprozess so schonend wie nur irgend möglich zu gestalten. Es geht nicht darum, Kinder in Watte zu packen, für alles eine Entschuldigung zu suchen und keine Anstrengungsbereitschaft zu fordern. Das Gegenteil ist der Fall: Wenn wir die kindliche Spiel- und Erlebenswelt zu schnell durch schulische Monotonie ablösen, erzeugen wir rasch genau das, was wir vermeiden wollten, eine Vermeidung von Anstrengung.

Kinder wollen gefordert werden.

10 Fehler im Diktat – Fünf!

„Na, was ist beim Diktat rausgekommen?" „Hab 'ne Fünf mit zehn Fehlern. Ist aber auch schlecht ausgefallen ..." – „Mhm, zehn Fehler, sagst du. Und wie viele Wörter hast du richtig geschrieben?" „Weiß nicht, stand nicht drunter." „Dann lass uns doch mal schauen ..." In der Tat zeigt sich in aller Regel ein nachhaltig beeindruckendes Ergebnis, etwa in dieser Art: Bei einem Umfang von 100 Wörtern sind 90 Wörter richtig geschrieben. Nur jedes zehnte Wort ist falsch!
In einer Therapiesituation nutze ich dann gerne „Jo Hacklers virtuelle Erfolgsschokolade".

Die Tafel besteht aus zehn Stücken und das Kind soll vorab einschätzen, wie viel es für das Diktat „verdient“ hat. Die Vermutung lautet stets, „bei einer Fünf bleibt wohl nicht viel übrig“. Doch wenn wir das Ganze prozentual angehen, staunen die meisten nicht schlecht: Neun von zehn Stückchen bleiben übrig. In der Tat hört sich das Ergebnis „90 Prozent richtig“ – ganz anders an als „eine Fünf“. Was in der Mathematik ganz selbstverständlich ist, gilt leider für Diktate nicht. Hier gibt es starre absolute Werte, nach denen die Noten vergeben werden.

Nun kommt der zweite Schritt: die qualitative Fehleranalyse. „Immer diese Flüchtigkeitsfehler!“ Doch bei einer genauen Betrachtung sollten wir nicht bei dieser oberflächlichen und daher wenig aussagekräftigen Betrachtung stehen bleiben. „Flüchtigkeit“ ist als Merkmal zu wenig fassbar, als dass ein Kind daraus ableiten könnte, was es beim nächsten Diktat anders machen soll oder kann. Fehler lassen sich nach unterschiedlichen Kriterien sortieren. Praxisgerecht, weil der Aufwand begrenzt ist, erscheint das folgende Raster:

Noten sind ein Bewertungsinstrument. Und für diejenigen, die versagen, ein Abwertungsinstrument.

- Liegt der Fehlerschwerpunkt im so genannten Lernwortbereich? Sitzen die neuen Wörter unter den Stressbedingungen des Diktates noch nicht sicher? Mögliche Maßnahme: gezieltes Lernworttraining (wie im „Englisch-Tipp“ beschrieben – siehe Seite 70 f.)
- Treten die Fehler gehäuft bei kurzen Wörtern auf? Das wäre ein Hinweis darauf, dass sich die Aufmerksamkeit noch voll und ganz auf die schweren Lernwörter richtete. Mögliche Maßnahme: (Gedankliches) Mitsprechen beim Schreiben (die so genannte Pilotsprache) kann die Aufmerksamkeit besser steuern. Üben Sie dies mit Ihrem Kind ein.
- Finden sich die Fehler gehäuft zum Ende des Diktates? Das deutet darauf hin, dass die Konzentration zum Ende hin nachgelassen hat. Mögliche Maßnahme: Sprechen Sie die Lehrerin, den Lehrer darauf an, überprüfen Sie Ihre Vermutung und besprechen Sie, was Ihrem Kind gegebenenfalls helfen könnte.

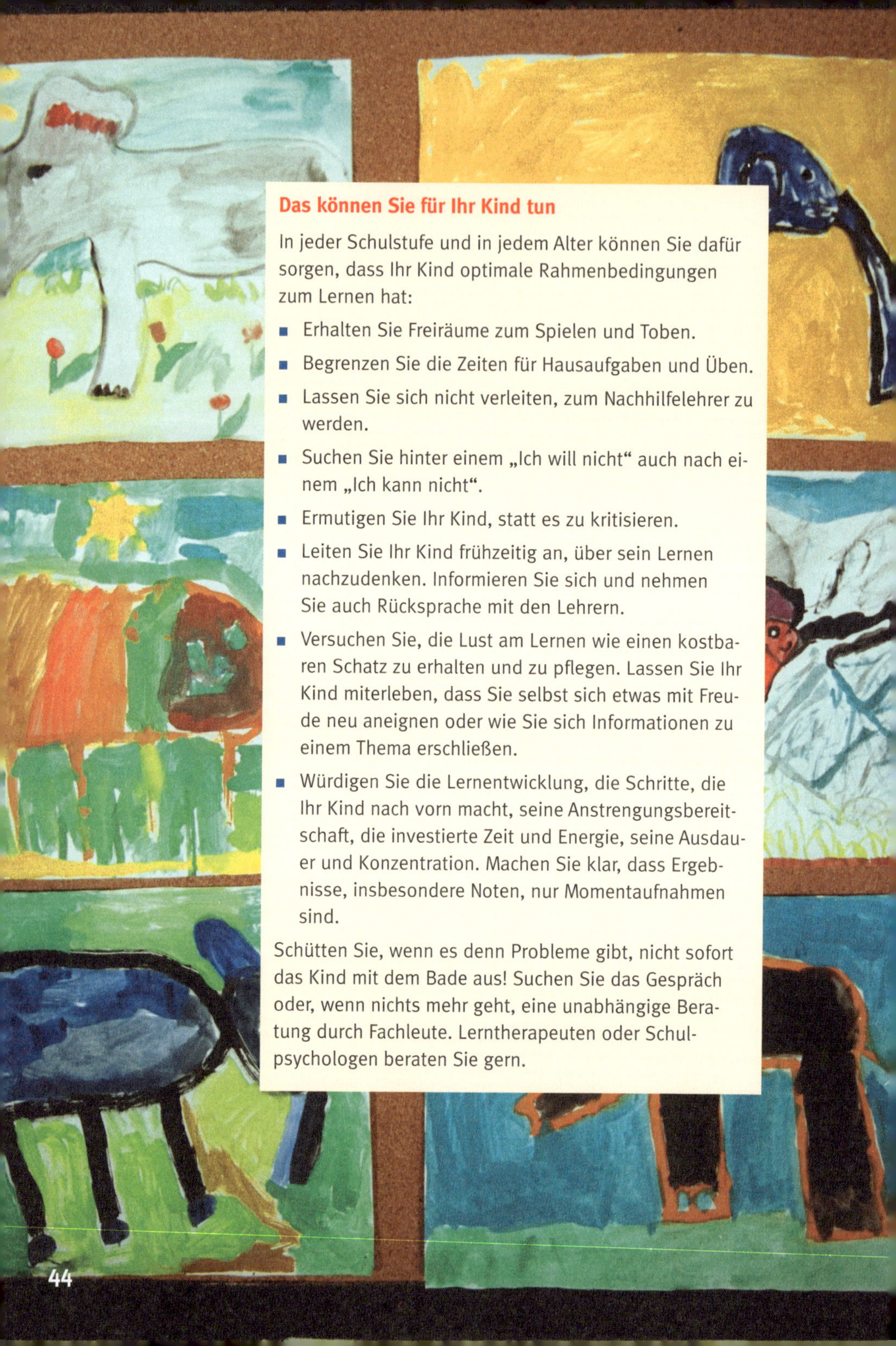

Das können Sie für Ihr Kind tun

In jeder Schulstufe und in jedem Alter können Sie dafür sorgen, dass Ihr Kind optimale Rahmenbedingungen zum Lernen hat:

- Erhalten Sie Freiräume zum Spielen und Toben.
- Begrenzen Sie die Zeiten für Hausaufgaben und Üben.
- Lassen Sie sich nicht verleiten, zum Nachhilfelehrer zu werden.
- Suchen Sie hinter einem „Ich will nicht" auch nach einem „Ich kann nicht".
- Ermutigen Sie Ihr Kind, statt es zu kritisieren.
- Leiten Sie Ihr Kind frühzeitig an, über sein Lernen nachzudenken. Informieren Sie sich und nehmen Sie auch Rücksprache mit den Lehrern.
- Versuchen Sie, die Lust am Lernen wie einen kostbaren Schatz zu erhalten und zu pflegen. Lassen Sie Ihr Kind miterleben, dass Sie selbst sich etwas mit Freude neu aneignen oder wie Sie sich Informationen zu einem Thema erschließen.
- Würdigen Sie die Lernentwicklung, die Schritte, die Ihr Kind nach vorn macht, seine Anstrengungsbereitschaft, die investierte Zeit und Energie, seine Ausdauer und Konzentration. Machen Sie klar, dass Ergebnisse, insbesondere Noten, nur Momentaufnahmen sind.

Schütten Sie, wenn es denn Probleme gibt, nicht sofort das Kind mit dem Bade aus! Suchen Sie das Gespräch oder, wenn nichts mehr geht, eine unabhängige Beratung durch Fachleute. Lerntherapeuten oder Schulpsychologen beraten Sie gern.

■ Vermuten Sie Fehler nach dem Muster „Schreib, wie du sprichst“? Das könnte ein Hinweis auf Unsicherheiten in der Lauterkennung oder der phonologischen Bewusstheit sein. Mögliche Maßnahme: Sie sollten den Rat von Fachleuten (Schulpsychologen oder Lerntherapeuten) suchen, um einer Lese-Rechtschreib-Schwierigkeit rechtzeitig zu begegnen.
■ Geben Veränderungen im Schriftbild Hinweise auf mögliche Anspannung? Mögliche Maßnahme: Eventuell hilft ein anderer Stift; vielleicht auch die Möglichkeit, Diktate mit dem Bleistift (oder einem Tintenkuli) statt mit dem Füller schreiben zu dürfen.
Diktate sind wie andere Klassenarbeiten auch eine richtig dicke Stresssituation. Hier kann der innere Druck schon mal kräftig auf das Papier durchdrücken. Mögliche Maßnahmen: Gegen Prüfungsstress kann man etwas tun. Hilfreich sind Entspannungstechniken, in erster Linie jedoch ein solides Selbstbewusstsein und eine angemessene Vorbereitung. Manchmal bieten Schulen, in jedem Falle jedoch die örtlichen Bildungsträger entsprechende Kurse an.
Üben Sie ähnliche Dinge lieber zu unterschiedlichen Zeiten, dann bekommt jedes Phänomen eine eigene „Schublade“ und Ihr Kind kommt nicht so schnell durcheinander, wenn es über eine richtige Lösung nachdenkt. Wenn Ihr Kind mit einer kleinschrittigen Fehleranalyse („Lass uns mal schauen, was du dir dabei gedacht hast, was deine Schreibstrategie war“) noch überfordert sein sollte, hilft das Prinzip des „Fehlerpflasters“. Die falsch geschriebenen Wörter werden überklebt und richtig neu geschrieben, damit sich die Falschschreibung nicht einprägt, und die richtigen Wörter werden grün markiert.

Kontrast zum klassischen Rot kann wie Balsam auf die Diktatwunden wirken.

Goldene Regel für Eltern

Achten Sie möglichst bewusst darauf, dass Sie Ihr Kind nicht zusätzlich frustrieren. Ermutigende Kommentare wirken, wenn sie so oft wie möglich gegeben werden, wahre Wunder. Versuchen Sie es! Ein Körnchen Positives ist in jedem noch so großen Desaster zu finden – bestimmt. Seien Sie ehrgeizig: Finden Sie selbst beim schlechtesten Diktat noch etwas, das Sie (dennoch natürlich glaubhaft für beide) würdigen können. Ihr Kind soll sich beim nächsten Diktat wieder mehr zutrauen! Für Ihr Kind ist die schlechte Note schon schlimm genug, setzen Sie lieber nicht noch eins oben drauf, sondern fördern Sie seinen Glauben an sich selbst. Werden Sie zum Coach Ihres Kindes. Eine Fünf in der Arbeit ist nur ein verlorenes Spiel in einer Saison. Die Meisterschaft ist damit noch nicht verloren. Es kommt darauf an, die Kräfte zu konzentrieren und die Spielkritik (Fehleranalyse) konstruktiv zu nutzen.

Loben Sie sooft es geht: Lob ermutigt!

Machen Sie sich dies zum Prinzip: Manche Kinder haben ein Lob dann am nötigsten, wenn sie es scheinbar am wenigsten verdient haben. Achten Sie bei Ihren Erklärungen darauf, dass die Hinweise überschaubar bleiben. Also nicht in einer endlosen Predigt all die ganzen Versäumnisse aufzählen, die zweifelsohne gegeben sind – denn dann schaltet Ihr Kind ziemlich sicher nur ab –, sondern gezielt weniges herauspicken.

Vorsicht: Ähnlichkeitshemmung

Achten Sie auf die Risiken der so genannten Ähnlichkeitshemmung. Kennen Sie solche Hinweise: ‚Spiel' mit <*ie*> und ‚ihr' mit <*ih*> – merk dir das doch endlich mal!"? Sie manövrieren Ihr Kind mit einer solchen Anweisung ungewollt ins Aus, Sie konfrontieren es in gut gemeinter Absicht mit einem „Unmöglichkeitsauftrag". Denn unser Gehirn kann gleichzeitig dargebotene Informationen umso schlechter speichern, je ähnlicher sie sind. Und genau darin liegt das Problem: Wenn ich mir nicht sicher bin, führt eine solche gleichzeitige Information nur zur Verwirrung und nicht zur Klärung. Besser ist also, ähnliche Informationen mit genügendem zeitlichem Abstand und anderen Merkhilfen (Farben, Eselsbrücken etc.) zu entkoppeln.

Unterschiede fördern Lernen.

Diese Erkenntnis geht auf den ungarischen Arzt und Pädagogen Ranschburg zurück, der das nach ihm benannte Lerngesetz formuliert hat:

Ihr Kind muss spüren, dass Sie hinter ihm stehen.

Wenn wir zwei gleichzeitig dargebotene ähnliche Lerninhalte differenzieren und speichern sollen, muss unser Gehirn Schwerstarbeit leisten und hat in der Regel doch nur die Chance zum Raten. Diese Aussage bezieht sich auf sämtliche Phänomene von Ähnlichkeiten. Neben einem objektiven Aspekt (Gestalt-, Klang-, Bedeutungsähnlichkeit) gibt es allerdings immer auch die subjektive Komponente. Was für den einen völlig eindeutig ist, erscheint dem anderen immer noch mehrdeutig. Das betrifft die visuelle Differenzierung (*b* – *d*) ebenso wie auditive Wahrnehmungen, die allerdings wesentlich schwerer fassbar sind und auch die Ebene von Bedeutungen spielt eine Rolle. Dies erleben Schüler beispielsweise bei den Vokabelpaaren *there – dort* und *their – ihre* oder *where – wo* und *who – wer*. Hier muss eine individuelle Lernsystematik die ähnlichen Inhalte voneinander trennen und über die klassischen Eselsbrücken spezielle Ankerreize herstellen. Aber auch viele Grammatikkapitel glänzen durch abstrakte Unverständlichkeit.
Trockenen Grammatikstoff „lebendig rüberzubringen“ ist an sich schon schwer, aber wenn es dann noch vor Ausnahmen („Aber … Merke …!“) nur so wimmelt, verirren sich viele Schüler völlig im Paragrafendschungel und verlieren wieder ein Stück der ohnehin sehr begrenzt vorrätigen Lust am Lernen.

Mathe – das kapier' ich nie

Im Unterschied zur Rechtschreibung ist ein Fehler in Mathematik digital: Hier gibt es nicht ein bisschen falsch, sondern das Ergebnis stimmt – oder eben nicht. Doch das ist nur eine – zugespitzt formuliert – oberflächliche Zuordnung, wie das folgende Beispiel belegt. Eine ältere Schülerin rechnet Folgendes:

$$56 + 10 = 44$$

Dabei kommt sie, zwar vom falschen Ausgangspunkt, aber auf richtigen Wegen zum wiederum falschen Ergebnis. Wie könnte sie gerechnet haben? Was ist ihre Logik gewesen? Versuchen Sie einmal, sich da einzudenken ... Nun, zunächst ist sicher, dass sie Minus (statt Plus) gerechnet hat. Da stand also die erste Weiche schon falsch, aber ab dann war alles richtig. Sie hatte etwas von schriftlicher Subtraktion im Kopf, die hier erforderlichen Rechenschritte oberflächlich automatisiert und nicht wirklich verstanden. Also rechnete sie „von 6 bis 10 ist gleich 4" und „5 minus 1 ist auch gleich 4". Beides untereinander geschrieben und stellenwertbezogen addiert – heraus kommt 44. Dieses Erlebnis hat mir deutlich gemacht, wie wichtig es ist, Kindern mit Rechenproblemen zu ermutigen, darüber zu berichten, was und wie sie beim Ausrechnen gedacht haben. Es gilt, ihre eigene Logik zu entschlüsseln. Es geht also keineswegs um richtig oder falsch, sondern um die Ermutigung, der Logik des eigenen Denkens auf die Spur zu kommen. Sonst blockieren die Kinder, schalten ab, „kapieren nichts mehr" und geraten in den Teufelskreis von Misserfolgen, Vermeidung und Selbstabwertung. Hier hilft eine geduldige und ermutigende Haltung, auch wenn das für Eltern nicht wirklich einfach ist.

Mathematik ist eine der schwersten Fremdsprachen, die wir lernen müssen.

Das heißt aber auch für das Mathematiklernen in der Schule, nicht zu früh mit dem Automatisieren zu beginnen. Schüler, die das Prinzip einer Rechenart noch nicht verinnerlicht haben, bringt zu frühes Automatisieren (= reines auswendig Lernen) nur in eine mathematische Sackgasse. Das wäre so, als ob sie die Vokabeln einer Fremdsprache lernen würden, ohne die Bedeutung zu kennen.

Ein Mathematiklehrer, der anschaulich und geduldig erklären kann, ist durch nichts zu ersetzen. Dennoch sind Eltern, die bei den Hausaufgaben helfen wollen (oder sollen), in einem kaum auflösbaren Dilemma. Wenn sie den Rechenweg mit ihren Erklärungen unterstützen wollen, hören sie oft: „Nee, so haben wir das aber nicht gelernt. Wir sollen das genauso machen wie in der Schule. Und Frau O. hat das aber ganz anders erklärt." Für diesen Konflikt gibt es selten kurzfristig eine gute Lösung. Über die Zeit können Sie versuchen, sich mit Ihrem Kind und/oder mit der Lehrerin zu verständigen. Das Ganze ist auch deswegen so schwer, weil hier oft drei – kaum zu vereinbarende – Konzepte aufeinander prallen. Die Kinder wollen die Hausaufgaben schnell, richtig und vor allem ohne großen zusätzlichen Aufwand hinter sich bringen. Diese Haltung ist kaum kompatibel mit dem Ziel „Lass uns erst einmal gemeinsam schauen und dann mal was ausprobieren". Die dritte Vorstellung, die vieler Lehrer, geht davon aus, dass die Schüler den Stoff im Unterricht verstanden haben und dass sie bereit und in der Lage sind, ihn in den Hausaufgaben zu üben, zu festigen oder auch einen Transfer, einen

Tipp

Gerade im Lernen verunsicherte Schüler zeigen besonders in der Mathematik (aber auch in anderen Fächern) oft ein Lernverhalten, das man als Oberflächenstrategien bezeichnet. Sie lernen auswendig ohne eigene Reflexion, suchen den Weg mit dem geringsten Aufwand an Zeit und Energie, orientieren sich an vorgegebenen Definitionen und Anweisungen und verlassen vorgegebene Pfade des Denkens und Lernens kaum. Versuchen Sie, einem solchen Verhalten auf die Spur zu kommen. Bei vielschichtigerem Fachwissen, das aufeinander aufbaut, legt es die Grundlage zu späteren, dann fast nicht mehr zu behebenden Lernproblemen infolge von Wissenslücken.

Sie müssen Faulheit nicht schönreden, aber bleiben Sie objektiv. Legen Sie den Maßstab so an, dass Sie gerecht bleiben und loben können.

Übertrag auf vergleichbare Probleme herzustellen. Dabei orientieren sich Umfang und Art der Hausaufgaben oft am oberen Leistungsdrittel der Klasse. Optimal wäre hier sicher eine Zeit des eigenständigen Ausprobierens und der Erfahrung, die durch die Fehler reifen kann. Erst dann „sitzen“ die mathematischen Vokabeln. Das wäre dann eine optimale Strategie nicht nur für Mathematik.

Mathe hast du dann kapiert, wenn du die Aufgaben in deine Sprache, dein Denken übersetzen kannst.

Auswendiglernen ist gerade in Bezug auf das Verstehen mathematischer und logischer Zusammenhänge schädlich, weil es die Eigenaktivität, das selbstständige Auseinandersetzen und Hinterfragen verhindert. Hier wären also eher so genannte tiefenorientierte Strategien angesagt. Dazu zählt man:

- die individuelle Auseinandersetzung mit dem Thema,
- erkennbar eigenständiges und eigenmotiviertes Vorgehen,
- Hinterfragen von (falschen und richtigen) Lösungen,
- Suchen nach Zusammenhängen und der Möglichkeit eines Transfers/Übertrags,
- Zusammenfassen mit eigenen Worten.

Prüfen Sie anhand der folgenden Merkmalsliste, ob und welche Schwierigkeiten in Mathematik auftreten:

- Muss Ihr Kind immer wieder mit den Fingern rechnen und kann Zusammenhänge kaum von einem Zehnerbereich auf den anderen übertragen?
- Gibt es Zeichen für ein „automatisiertes“ Zählen oder gar für ein verstecktes Rechnen mit den Fingern?
- Kann Ihr Kind mehrstellige Zahlen in ihrer Größe schlecht vergleichen?
- Schreibt Ihr Kind die Zehnerzahlen in der Sprechrichtung und verdreht es häufiger die Ziffern?
- Kommt Ihr Kind bei den Grundrechenarten schnell durcheinander?
- Hat Ihr Kind besondere Probleme mit dem Rückwärtszählen?
- Hat Ihr Kind kein richtiges Zeitgefühl?
- Kann Ihr Kind altersentsprechend mit Geld umgehen und kann es auch auf „krumme Beträge“ richtig herausgeben?

> ## Tipp
>
> In der Reihe Cornelsen-Elternsprechstunde gibt es einen Titel, der sich mit grundlegenden mathematischen Schwächen auseinander setzt: Simone Wejda, Rechenschwäche – der Kampf mit den Zahlen. Hilfen bei Dyskalkulie.

Die mathematischen Kompetenzen entwickeln sich im Laufe der Grundschulzeit. Wenn jedoch die Grundlagen nicht hinreichend gelegt sind, kann sich ein Fortschritt nicht festigen und Kinder greifen immer wieder auf die alten – Sicherheit gebenden – Techniken zurück. Von daher kann diese Merkmalsliste nur eine grobe Orientierung vermitteln. Wenn sich hier jedoch bei einem Schüler am Ende der zweiten oder zu Beginn der dritten Klasse mehr als drei Ja-Antworten geben, sind genaues Hinschauen, Rücksprache mit dem Lehrer und ggf. außerschulische Beratung angezeigt.

Lösungen – Hilfen auf vier Ebenen

Stellen Sie sich vor, Sie werfen einen Stein ins Wasser. Die Wellen ziehen Kreise – genauso können wir die Hilfsebenen sehen.
Da gibt es:

- Sie selbst – das, was Eltern tun können und lassen sollten.
- Ihr Kind – wie es das Thema Lernen anders in den Griff bekommen kann.
- Die Schule – was sich hier tun kann und schließlich:
- Professionelle Hilfen – wenn Fachleute gefragt sind.

Es geht also um eine andere Einstellung und Haltung dem Lernen gegenüber. Wenn es gelingt, hier zu mehr Gelassenheit zu gelangen, kommt das Ihrem Kind zugute. Das ist natürlich leicht gesagt, wenn man nicht von großen Sorgen um das seelische Wohl und den Schulerfolg geplagt ist.
Gerade in solch zugespitzten Phasen ist der Rat „Erst einmal Dampf rauslassen und unbedingt Ruhe bewahren“ mehr als Gold wert. Vielleicht können die nachfolgenden Überlegungen Sie motivieren und anregen.

Zum Lernen motivieren

Die richtigen Schritte, die Sie immer wieder versuchen sollten, sind also

- Ermutigen Sie Ihr Kind, etwas auszuprobieren.
- Machen Sie Aufgaben und Lösungsversuche anschaulich, wenn Ihr Kind Sie um eine Erklärung bittet.
- Stellen Sie, wo immer möglich, Zusammenhänge und Beziehungen zu alltäglichen Erfahrungen her.
- Decken Sie Regeln und Zusammenhänge innerhalb der Aufgaben auf, wenn Ihr Kind Sie um eine Erklärung bittet.
- Gelerntes festigt sich durch Üben und Wiederholen. Bieten Sie immer wieder an, gemeinsam etwas zu wiederholen oder zu üben. Wenn Sie keinen Druck ausüben, wird Ihr Kind Ihre Unterstützung irgendwann gern annehmen.

Denke an die Vier:

Bewahre die Ruhe!
Wechsle die Perspektive!
Tue das Unerwartete!
Fördere das Selbstvertrauen!

Das Vier-Wochen-Programm – so kommen Sie zu mehr Gelassenheit

Sie kennen das: Die immer wiederkehrenden Auseinandersetzungen um Hausaufgaben und Üben, die Kräche und tränenreichen Auseinandersetzungen. Allen Beteiligten geht es schlecht und man nimmt sich vor, beim nächsten Mal nicht gleich wieder zu explodieren. Das gelingt dann zu Beginn noch ganz leidlich, doch dann holt einen der „Tunnelblick“ wieder ein. Es sind die Kleinigkeiten im Verhalten des anderen, die einen zur Verzweiflung treiben. Das sinnlos erscheinende Anspitzen des Bleistifts, das vergebliche Suchen im Schulranzen, das Verschreiben in der ersten Zeile, die Blicke und Bewegungsmuster Ihres Kindes – all das lässt ahnen, was als Nächstes kommt, und engt den eigenen Blick und Handlungsspielraum immer weiter ein. Aus einem fahrenden Schlitten kann man schlecht aussteigen. Aber eine gründlichere Orientierung vor Beginn der Fahrt kann Abhilfe schaffen. Das Ziel heißt: statt dauerndem Meckern und Streiten einen Versuch wagen, es einmal anders zu machen durch einen Wechsel der Perspektive, Ermutigung statt Kritik und Zeit für Positives.
Wie soll das gehen? Erst einmal sind Sie als Mutter oder Vater (am besten beide) gefragt. Angenommen, Sie erleben immer wieder ähnlich zugespitzte Phasen wie zuvor beschrieben, dann können Sie mithilfe der kleinen Selbstmodifikation prüfen, ob und wie viel Spielraum noch vorhanden ist. Sollte „gar nichts (mehr) gehen“, dann wäre das ein Hinweis, möglichst rasch fachliche Beratung von außen hinzuzuziehen. Aber meist bewegt sich doch das eine oder andere in dem starren Gefüge, sodass zumindest eine Atempause entstehen kann. Es ist klar, dass sich fest gefügte Probleme

nicht innerhalb von vier Wochen lösen lassen. In dieser kurzen Zeitspanne können aber erste gegenläufige Impulse greifen. Also Sie sollten sich dabei keinesfalls unter einen zu großen Erfolgsdruck setzen. Und wenn Sie feststellen, dass die Zeit sehr knapp bemessen erscheint, machen Sie doch eine Acht- oder Zwölf-Wochen-Kur daraus – vorausgesetzt, Druck und der Leidensprozess sind nicht zu groß.

Die Schritte und Aufgaben richten sich in erster Linie an Sie als Eltern. Natürlich geht es um die Förderung eines anderen Lernverhaltens aufseiten Ihres Kindes, aber hier ist ein Perspektivwechsel in Denken und Verhalten der Eltern eine notwendige Voraussetzung. Sie können Ihre Versuche offen legen, also Ihr Kind in den Prozess mit einbeziehen. Sie können das Ganze aber auch – soweit es Ihr eigenes Verhalten betrifft – verdeckt, also ohne direkte Information für Ihr Kind, starten.

Nehmen Sie sich zunächst für vier Wochen vor, sich intensiv mit den nachfolgenden Aufgaben zu beschäftigen. Der Erfolg wird Sie ganz sicher motivieren, Ihr Programm fortzusetzen.

Phase I: Beobachten und registrieren – Verborgenes wieder entdecken

Gerade in zugespitzten Zeiten fehlt der Blick für positive Ansätze teilweise oder völlig. Man ist im Konflikt so eingebunden, dass der eigene „Tunnelblick“ verhindert, Positives überhaupt wahrzunehmen. Gerade ein Das-Glas-ist-halb-leer-Typ (statt halb voll ...) ist besonders gefährdet. Dann ist die Übung mit dem „Schwarzen Punkt“ genau das Richtige:

Nehmen Sie sich etwas Zeit. Malen Sie auf ein leeres Blatt mitten hinein einen dicken schwarzen Punkt.

Schauen Sie sich nun das Blatt an. Was sehen Sie? Nun, Sie werden doch sicher – wie die meisten anderen auch – einen dicken schwarzen Punkt sehen ...?!? Das ist nicht verwunderlich, aber auch nicht ganz richtig. Denn tatsächlich sehen Sie eine ganze Seite (ein ganzes Blatt), aus dessen Mitte eben dieser dicke schwarze Punkt direkt ins Auge springt. So wie mit dem Punkt

geht es vielen Eltern auch mit den Lernproblemen ihrer Kinder. Das, was einem Sorgen macht, was einen stört, fällt nur allzu leicht auf. Das ist menschlich, aber wir sollten uns besinnen, dass das keinesfalls alles ist. Dass unser Kind viele andere (tolle, starke, liebenswerte, lebendige, aktive, bewundernswerte ...) Seiten hat.
Rund um den dicken schwarzen Punkt ist also noch viel, viel Platz. Bitte überlegen Sie eine Weile und schreiben Sie um den Punkt herum auf Ihr Blatt, was Ihnen (Ihr Partner kann die gleiche Aufgabe zunächst auch allein machen und anschließend vergleichen Sie Ihre Ergebnisse) alles eingefallen ist. Das gelingt Ihnen natürlich am besten abseits vom Konfliktbereich. Wenn Ihr Kind einen Sieg im Sport errungen hat, registrieren Sie dies bitte. Wenn Ihr Kind beim Ausräumen der Spülmaschine hilft, halten Sie dies fest.
Wenn Ihr Kind etwas von sich aus erledigt, verpassen Sie dies nicht. Sie werden sicher – wie die meisten Eltern auch – erstaunt (und sicher erfreut) sein, wie viel Ihnen auf der „Habenseite" eingefallen ist. Wozu das gut ist, werden Sie vielleicht fragen. In der therapeutischen Beratung geht es immer wieder um diesen dicken schwarzen Punkt, der „weg" soll. Doch das, was am meisten hilft, ist schon da, haben Sie, hat Ihr Kind „sowieso längst drauf". Denn das Wahre ist für die Augen oft unsichtbar; also lenken wir im ersten und wichtigsten Schritt unsere Augen auf die Stärken, die bei der Bewältigung der Probleme wertvolle Dienste verrichten können.

Nehmen Sie sich bewusst Zeit und Raum, um nach Positivem Ausschau zu halten.

Beobachten Sie auch die konfliktbeladenen Lernsituationen. Versuchen Sie Antworten auf folgende Fragen zu finden:

- Wie lernt mein Kind?
- Wann lernt mein Kind?
- Wie viel Zeit braucht es für was?
- Wie sieht sein Wochenplan aus?
- Wo ist Zeit fürs Lernen?
- Wo ist Raum für Freizeit und Ausgleich?
- Was mag es/was nicht?
- Wofür strengt es sich an? Wofür nicht?
- Welche Stärken erlebe ich bei ihm? Welche davon sind nützlich für das Lernen in der Schule?

- Wie viel Zeit verbringt mein Kind am PC/vor dem Fernsehen?
- Welche Problembereiche und Schwächen sehe ich?
- Gibt es Unterschiede zwischen meiner Einschätzung und der meines Partners?
- Gibt es Unterschiede in der Leistungsfähigkeit und -willigkeit zwischen einzelnen Fächern oder Tagen?
- Ist erkennbar, was den Unterschied bewirkt?
- Kann ich mein Kind ermutigen? Wie mache ich das?
- Wofür lobe ich mein Kind? Wie oft kommt das in der Woche vor?
- Wofür habe ich die Verantwortung? Wofür lasse ich mich verantwortlich machen?

Am besten schreiben Sie die Antworten auf. Sicher werden Sie Ihre eigene Auswahl oder auch Ergänzungen zu dieser Fragen-Liste vornehmen. Auf jeden Fall sollten Sie sich Zeit nehmen und die Eindrücke festhalten und auch mit Ihrem Partner besprechen. Wenn Sie die Beobachtung zusammen mit Ihrem Kind starten (das macht Sinn!), dann benennen Sie Ihr positives Interesse und klären Sie gemeinsam, wer welche Verantwortung für was übernimmt.

Am Ende der Beobachtungsphase sollten Sie sortieren. Welche Problembereiche sind Ihnen aufgefallen? Was ist als Positives deutlich geworden? Lassen sich daraus Ziele oder Wünsche benennen, in welche Richtung eine Veränderung gehen soll? Formulieren Sie dies möglichst konkret und verhaltensnah. Je umschriebener das

Jedes Kind ▶ hat positive Eigenschaften.

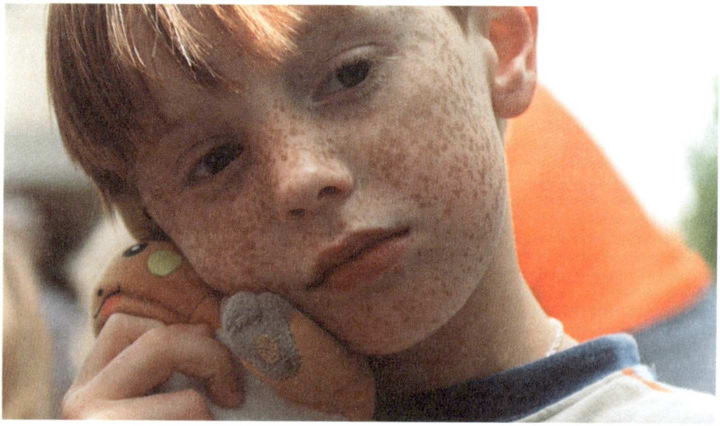

Ziel, desto besser lässt sich der Verlauf beobachten und das Gewünschte umsetzen. Formulieren Sie bitte auch, was Sie persönlich (oder Ihr Partner) anders machen wollen. Ziele wie „Ich will nicht mehr meckern“ machen wenig Sinn – stattdessen sollte es besser heißen: „Ich will mein Kind mehr loben und stärker auf das Positive achten. Mindestens einmal am Tag (bei den Hausaufgaben ...) will ich etwas Positives sagen.“ Das können Sie erstens leichter überprüfen und zweitens besser umsetzen. Entsprechend würden sich auch Ziele für Ihr Kind formulieren lassen. Wenn Sie diese Phase mit einer Fülle von wichtigen und vielleicht neu entdeckten Erkenntnissen abschließen, vergessen Sie nicht, sich selbst zu loben und anzuerkennen, dass Sie einen wichtigen Schritt erfolgreich bewältigt haben.

Phase II: Die Blickrichtung ändern – würdigen und wertschätzen

Hier gilt der Grundsatz: Weniger ist mehr. Versuchen Sie bitte nicht, alles auf einmal zu ändern. Das lässt sich in der Regel nicht durchhalten. Seien Sie lieber etwas bescheidener und halten Sie dafür aber die angestrebte Etappe durch. Nehmen Sie sich vor, mindestens eine positive Verhaltensweise zu registrieren und festzuhalten.

Auch Sie selbst haben Anerkennung verdient!

Wenn Sie dies mit Wissen Ihres Kindes machen, empfiehlt sich beispielsweise ein „Lobbuch“. Hier tragen Sie täglich etwas ein, über das Sie sich gefreut haben, auf das Sie stolz sind oder wie Sie es sonst würdigen können. Selbstverständlich sollte der Partner diesen Prozess auch mit der gebotenen Neugier unterstützen. Verfahren Sie auch hier nicht nach dem Alles-oder-nichts-Prinzip, sondern würdigen Sie schon kleinste Schritte in Richtung auf das erwünschte Ziel. Nehmen Sie sich einfach vor, nicht locker zu lassen. Mit der nötigen Perspektive werden Sie feststellen können, dass eine Fülle positiver Ereignisse auf Ihrer Liste zusammenkommen wird. Sollte sich dies allerdings wider Erwarten nicht einstellen, wäre das als Hinweis zu verstehen, professionelle Hilfe hinzuzuziehen. Ansonsten freuen Sie sich gemeinsam über die gefundenen „Ostereier“ und betrachten Sie gemeinsam mit Stolz, wie es immer mehr werden.

Phase III: Durchhalten und festklopfen – den Erfolg in trockene Tücher bringen

Schreiben Sie ein Lobbuch!

Wenn Sie bis hierher gekommen sind, haben Sie schon viel erreicht. Auch das sollten Sie auf jeden Fall würdigen. Spätestens jetzt werden Sie sicher überlegen, wie die ersten Schritte Bestand haben können.

So können Sie Ihre Maßnahmen verstärken:

- Vereinbaren Sie Ziel und Aufgaben am besten schriftlich.
- Treffen Sie über Ziel, Weg usw. genaue Absprachen.
- Halten Sie den Verlauf in einem Plan fest.
- Gestalten Sie den Plan sorgfältig und motivierend.
- Belohnen Sie die Anstrengungsbereitschaft.
- Verstärker sind das, was verstärkend wirkt.
- Unterscheiden Sie zwischen materiellen und sozialen Verstärkern (Wunschgeld oder Wunschgegenstand einerseits, Aktivitäten zum Beispiel mit dem Vater andererseits).
- Beziehen Sie als Mutter den Vater (und umgekehrt) auf jeden Fall mit ein.
- Schauen Sie mehr auf die individuelle Entwicklung als auf festgelegte Ziele.
- Definieren Sie in Ihren Absprachen auch ein konkretes Ende.
- Schieben Sie Misserfolge nicht Ihrem Kind in die Schuhe.
- Geben Sie nicht zu früh auf.
- Vergessen Sie nicht, Ihr Kind zu ermutigen.

Solche Veränderungspläne können sehr erfolgreich genutzt werden; sie bergen aber auch eine Reihe von Risiken in sich. Zunächst einmal ist zu bedenken, dass es am schwersten ist, überhaupt einen Einstieg zu finden, weil nichts hartnäckiger ist als die Gewohnheit. Das trifft auf Erwachsene ebenso zu wie auf Kinder. Geben Sie auch dann nicht auf, wenn scheinbar das Gegenteil des erwünschten Effektes eintritt. Wenn die Probleme trotz guter Vorüberlegungen plötzlich zunehmen, kann das seinen Grund darin haben, dass Ihr Kind sehr an die konflikthaften Verhaltensmuster gewöhnt ist. Es muss quasi noch einmal testen, ob die Veränderung (Lob statt Schimpfen) wirklich Bestand hat. Halten Sie also durch!

Positive Veränderungen werden nur Schritt für Schritt erreicht.

Wo Sie das Vier-Wochen-Programm einsetzen können

Welche Ziele oder Bereiche könnten Sie mit dem hier vorgestellten Programm angehen? In erster Linie richtet sich das Ganze natürlich nach Ihrem Bedarf und den konkreten Möglichkeiten. Doch könnte eine solche Veränderung sich beispielsweise beziehen auf:

- Aufbau von Lerngewohnheiten – Führen eines Aufgabenheftes
- Aufbau von Zeitmanagement – Hausaufgaben und Üben nach einem festgelegten Plan
- Aufbau von (mehr) Eigenverantwortlichkeit – zum Beispiel beim Packen des Schulranzens (der „Tonne")
- Ordnung halten – am Arbeitsplatz oder in der „Tonne"
- Nutzen von Hilfsmitteln – Arbeiten mit Wörterbüchern, Lexika

Welche Risiken und Nebenwirkungen können auftreten? Natürlich kann es sein, dass die ganzen Anstrengungen vergeblich gewesen sind, dass sich nichts ändert. Das wäre schade, aber Sie können auch davon ausgehen, dass es in der Regel nicht schlimmer wird als es vorher war. Falls einmal doch, sollten Sie auf jeden Fall professionelle Hilfe aufsuchen. Hierfür brauchen Sie auch eine Definition Ihrem Kind gegenüber. Wenig hilfreich wäre die Zuschreibung: „weil du so schlecht bist, müssen wir zum Therapeuten". Das ist nämlich wenig zieldienlich; besser wäre folgende Begründung „Ich/wir würden uns gerne Rat holen, was wir anders machen, wie wir dir (noch) besser helfen können, dich bei deinen Anstrengungen wirksamer unterstützen können."

Vertrauen Sie der Politik der kleinen Schritte.

Ihre Anstrengungen haben sich auf jeden Fall schon gelohnt, wenn Streit und Stress weniger geworden sind. Messen Sie den Erfolg also nicht nach dem Alles-oder-nichts-Prinzip.

Alles Lernen ist nicht einen Heller wert, wenn Mut und Freude dabei verloren gehen.
(J. H. Pestalozzi)

Auch das Lernen muss man lernen

Die Lernfreude kehrt zurück, wenn man weiß, wofür man lernt.

Das Lernen in der Schule ist eine schwierige Angelegenheit. Viele Verfahren und Abläufe sind standardisiert, bestimmt durch äußere Rahmenbedingungen, und sie werden den Bedürfnissen und Fähigkeiten des einzelnen Kindes nicht immer gerecht. Was gelehrt wird, hängt von den fachwissenschaftlichen Erkenntnissen ab, nicht vom Interesse der Kinder. Wie gut die Informationen auf die kindlichen Voraussetzungen abgestimmt sind, hängt auch vom persönlichen Wissen und Engagement des einzelnen Lehrers, der einzelnen Lehrerin ab. Insofern könnte man das schulische Lernen mit Fug und Recht als sehr eingeengte Form des Lernens bezeichnen, die zudem äußerst störanfällig ist. Was tun, wenn ein Kind damit offenbar nicht zurechtkommt, im schlimmsten Fall bereits eine Lernblockade entwickelt hat?

Das bereits vorgestellte Vier-Wochen-Programm (Seite 53 ff.) ist geeignet, die innere Gefühlslage aller Beteiligten etwas zu entlasten. Dies trägt in der Regel nachhaltig zu einer Entspannung der Situation bei. Jenseits dessen können Sie Ihr Kind dabei unterstützen, seine eigenen Lernwege und -methoden herauszufinden und bestmöglich zu nutzen. Wenn ein Mensch weiß, wie er selbstständig lernen kann, wo er Informationen findet und wie diese zu verarbeiten und zu vertiefen sind, dann kann eigentlich wenig schief gehen. Eine nicht zu vernachlässigende Voraussetzung ist allerdings auch, dass er weiß, wozu er lernt.

Vielleicht gelingt es Ihnen, Ihr Kind zu ermutigen, sein eigenes, inneres Ziel zu finden, für das sich das Lernen lohnt. Gibt es ein Hobby, das beispielhaft verdeutlicht, dass mehr Wissen zu mehr Können und damit auch mehr Freude an der Sache führt? Gibt es einen Berufswunsch, für den das Lernen lohnt? Vielleicht hilft ein Quäntchen sportlicher Ehrgeiz, den anderen „zu zeigen“, was in einem steckt? Nicht alles kann und wird gleichermaßen gelingen können: Welche Prioritäten kann Ihr Kind für sich selbst setzen? Wer keine Sprachbegabung hat, wird bei allem Fleiß nur mittelmäßige Fremdsprachennoten haben. Aber vielleicht macht es trotzdem Spaß, einem Briefpartner in einer Fremdsprache zu schreiben oder in Englisch zu chatten – befreit vom Druck der Noten? Vielleicht öffnet ein Experimentier-Baukasten plötzlich das Verständnis dafür, dass Physik oder Chemie etwas mit dem eigenen Alltag zu tun haben? Irgendetwas wird es bestimmt geben, dem das persönliche Interesse gilt. Denn trotz aller Häme gilt auch heute: Nicht für die Schule, für das Leben lernen wir. Manchmal braucht man einen kleinen Schubs, um das zu verstehen und um für sich selbst das Beste aus dem Angebot „Schule“ herauszuholen.

Große Ziele erfordern viele kleine Wege.

Im Prinzip ist alles erlaubt, was zu einer Verbesserung und Bereicherung des Lernens führt. Was Sie als Eltern machen sollten, wenn Sie bei Ihrem Kind Lernblockaden erleben, unterscheidet sich nicht wesentlich von dem, was Sie machen können, damit es erst gar nicht so weit kommt. Eltern haben die Verantwortung für das Wohl und Wehe ihrer Kinder, insofern sind sie – ob sie wollen oder nicht – auch in den schulischen Prozess eingebunden. Gegenüber Ihren Kind erwächst daraus eine Entscheidungsfrage, die zu beantworten einer steten Gratwanderung gleicht: Wie viel Verantwortung übernehmen Sie als Eltern, wie viel Verantwortung (einschließlich dem Recht auf eigene Fehler) übertragen Sie Ihrem Kind?

Zu Beginn der kindlichen Entwicklung haben Sie hundert Prozent der Verantwortung; wenn die Kinder später aus dem Haus gehen, sind es vielleicht noch zehn Prozent, wenn überhaupt. Doch wie sieht es aus, wenn die Kinder in der Grundschule sind oder im

Übergang zur weiterführenden Schule? Beträgt Ihre Verantwortung 60 : 40, 70 : 30 oder doch eher 80 : 20? Doch das sind nur theoretische Werte, die sich von der eigenen Realität völlig unterscheiden können. Hier lassen sich auch keine Vorgaben machen, weil Eltern dies nur für sich alleine beziehungsweise mit ihrem Kind entscheiden können. Für den Alltag in der Familie ist es jedoch wichtig, sich selbst hierüber Klarheit zu verschaffen. Oft ist der Erziehungsalltag auch ein wenig schwierig, wenn Partner eine unterschiedliche Risikotoleranz mitbringen. Sie helfen Ihrem Kind sehr, wenn Sie ihm vermitteln, dass beide Erziehungspartner ihm gleichermaßen vertrauen und dass Sie es als Mensch lieben, gleichgültig, wie die Schulnoten ausfallen. Auf einem solchen Fundament lässt sich gut aufbauen; gemeinsam an der Lernkompetenz zu arbeiten, wird der kleinere Schritt sein.

Ohne Erfolg wächst keine Ausdauer.

Kinder brauchen eine stabile Lernentwicklung

Es ist wenig und doch sehr viel, was Kinder brauchen, um lernen zu können:

- Selbstvertrauen – um ein angemessenes Bild der eigenen Fähigkeiten aufbauen zu können,
- die Fähigkeit zur Selbstregulation – um einen eigenen Weg zum kompetenten Lerner zu öffnen und
- Autonomie – um zu lernen, selbst Verantwortung für das eigene Tun zu übernehmen.

Untersuchungen haben gezeigt, dass Eltern bereits in der Grundschule beginnen sollten, ihren Kindern den Weg zum eigenständigen Lernen zu zeigen. Die Kinder brauchen neben der Gelegenheit für Selbstständigkeit Ermutigung, Geduld, Vertrauen und die Gelegenheit für viele kleine Schritte. Ohne wechselseitiges Zutrauen und ohne Spaß gedeiht keine Lernmotivation.

Eltern sollten sich keinesfalls zum Nachhilfelehrer ihrer Kinder machen (lassen), das wird ihnen ohnehin schon viel zu stark aufgebürdet. Eltern können aber mehr und mehr zum Trainer, zum

Coach ihrer Kinder werden. Hier gibt es eine Reihe von Trainingskonzepten (eine Auswahl finden Sie im Anhang), aus denen einige zentrale Aspekte hier aufgegriffen sind. Wenn Sie sich auf den Weg machen, Ihrem Kind ein wenig Lernmethodik nahe zu bringen, dann sollten Sie aufpassen, dass Sie sich und Ihr Kind nicht überfordern. Sie haben in aller Regel keine professionelle Ausbildung und Sie dürfen und müssen Ihre Grenzen erkennen und auch vertreten. Zwischen Eltern und Kindern fließen immer unsichtbare Gefühlsströme, aus denen jederzeit Blitz und Donner schießen können.

Das Ziel ist klar: Sie wollen eine positive Lernstruktur aufbauen und erhalten. Erinnern Sie sich an den Teufelskreis? Dort war das Gegenmodell, die negative, blockierende Entwicklung beschrieben. Zu einem positiv wirkenden Kreislauf gehören:

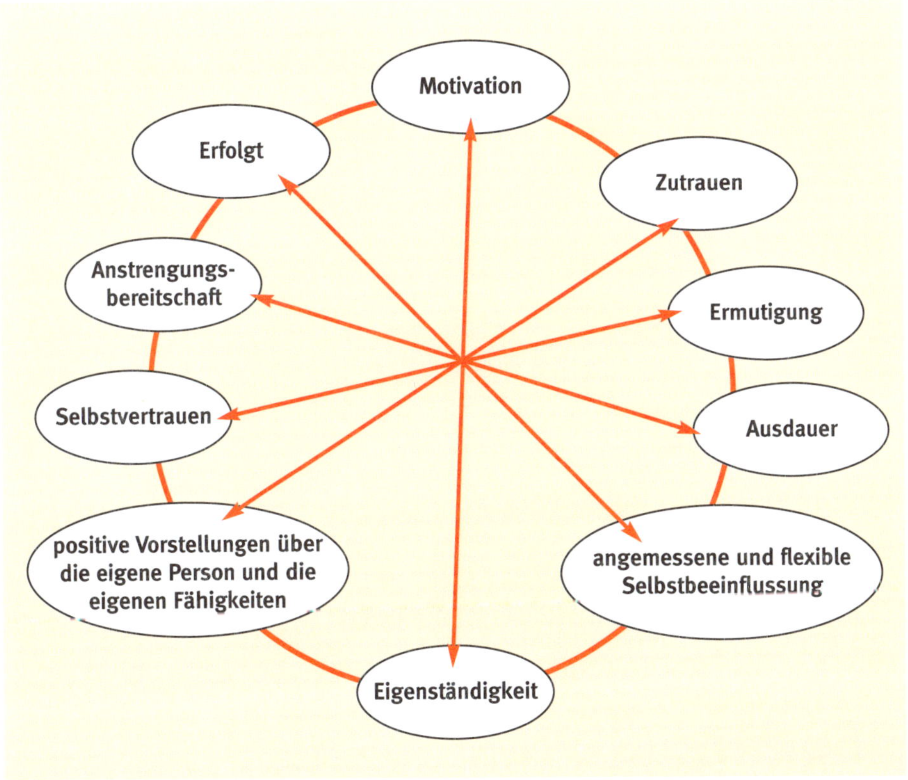

Die Chancen, Kinder zu Beginn ihrer Schullaufbahn positiv zu unterstützen, stehen nicht schlecht. Unter der Voraussetzung, dass Sie selbst nicht zu sehr unter gefühlsmäßigem Druck stehen, können Sie Ihre Kinder erfolgreich auf dem Weg begleiten. Denn auch hier gilt: Der Weg ist das Ziel! Entscheidend ist nicht so sehr die Lösung einer Aufgabe, sondern sind die Gedanken über den Weg dorthin.

Die Fragen, die in der Checkliste auf Seite 65 herausgehoben sind, legen Kriterien offen, die dem Zielkatalog der so genannten Schlüsselqualifikationen wie auch den zentralen Werten der PISA-Studien entsprechen: Wenn es uns (natürlich auch in Zusammenarbeit mit den Lehrern) gelingt, unseren Kindern Lernfähigkeit zu vermitteln, dann ist dies eine zentrale Basis dafür, dass sie auch mit veränderten Umwelt- und gesellschaftlichen Bedingungen werden klarkommen können. Also ist die Vermittlung von Lernmethodik zum einen eine Investition in die Zukunft unserer Kinder und zum anderen ein Mittel gegen akute Lernblockaden.

Die beiden wichtigsten Grundsätze lauten:

- Keine Panik bei ersten Anzeichen von Blockierungen! – Stress hilft nicht, er heizt nur an! Beobachten Sie erst einmal in aller Ruhe das Geschehen.
- Achten Sie unbedingt auf einen ermutigenden und positiv gefärbten Unterton. Zeigen Sie Vertrauen in die Leistungsbereitschaft Ihres Kindes.

Viele Wege führen nach Rom – mehr Abwechslung ist angesagt

Die Themenbereiche, in denen Lernmethodik gefördert werden sollte, sind:

- Förderung von Selbstständigkeit und Eigenverantwortung – lassen Sie Kinder das selbst tun, was sie selbst erledigen können.
- Aufgabenplanung und Zeitmanagement – gut geplant ist halb gelöst.
- Arbeitsplatz gestalten – der eigene Schreibtisch ist das Cockpit für das Lernen.
- Lernen auf mehreren Wegen – alle Kanäle nutzen: Sehen + Hören + Sprechen + Schreiben + Handeln.

Wie bin ich als Lernender?

Gute und erfolgreiche Lerner beobachten sich beim Lernen und fragen:

- WIE bin ich darauf gekommen?
- Welche FEHLER sind mir passiert?
- Und WARUM?
- Was habe ich dann ANDERS gemacht?
- Gibt es vielleicht noch einen anderen WEG?
- Kann ich das Resultat mit etwas anderem verbinden, VERNETZEN?
- Woher KENNE ich etwas Ähnliches?

- Aufbau von Ausdauer und Konzentration – wie hält man sich konzentrationsfit?
- Gedächtnisstützen – so merkt es sich leichter!
- Gewöhnung – Regeln und Rituale geben Sicherheit.

Aus dem Leben: „Wie lernst du?“ – „Ich gucke es mir an und lese es mir durch.“ So viel zur Monokultur in der Haupttätigkeit der meisten Schüler. „Und wie baust du mit LEGO?“ – „Och, da habe ich immer ganz viele neue Ideen und ich probiere einfach eine Menge aus.“ So viel zur Kreativität eben desselben Schülers.
Im Folgenden finden Sie einige Hinweise, die Sie zusammen mit Ihrem Kind erarbeiten oder als Anregung für eigene Schritte nutzen können.

Trainiere den Weg – dann findest du die Lösung

Je älter Kinder werden, desto weniger lassen sie sich noch von ihren Eltern reinreden. Da verhallt der gut gemeinte Rat schnell in einem „Ja, ja, mach ich schon!“ oder er mündet in einen oft ausweglosen Machtkampf, weil sich das Thema wunderbar für einen altersgemäßen Ablösungs- und Verselbstständigungsprozess eignet. Aber Kinder im Grundschulalter sind noch auf der Suche nach ihrem eigenen Lernstil und daher nicht so auf einen Weg fixiert wie ihre älteren Geschwister. Wenn Eltern hier aktiv werden, gelingt dies frühzeitig und in einer konzertierten Aktion natürlich ungleich besser. Wenn Eltern hier ihre Kinder also besonders wirksam unterstützen wollen, sollten sie drei Zielgruppen vor Augen haben; die wichtigste ist natürlich der Sohn oder die Tochter, deren Lernen sich verbessern soll. Flankierend sollte jedoch das schulische Umfeld mit bedacht werden. Neben einem informierenden Gespräch mit dem Klassenlehrer ist vor allem auch an einen Elternabend zum Thema „Das Lernen lernen“ zu denken. Damit eröffnet sich ein zwar aufwändiger, aber vom Ergebnis her sicher effektiver Weg für den gesamten Klassenverband. Und wenn es gelingt, die Thematik auf dieser Ebene einzuführen, erleben die Schülerinnen in ihrer Gesamtheit, dass Erwerb und Anwenden von Lernstrategien etwas Übliches und Selbstverständliches ist, das von allen „eben immer so gemacht“ wird.

Nachfragen lohnt sich!

Optimal ist auch, wenn ein Experte von außen eingeladen werden kann. Ohne vorherige Abstimmung mit dem Klassenlehrer sollte eine solche Aktion natürlich nicht starten. Lehren, das heißt Lernen organisieren, ist schließlich sein täglich Brot und er sollte motiviert mit im Boot sitzen. Von daher ist der Tenor der Diskussion ausgesprochen wichtig. Es geht hier nämlich gar nicht um Defizite oder Versäumnisse, sondern um eine zeitgemäße und zukunftsorientierte Erweiterung des derzeitigen Lerninstrumentariums. Wenn der Unterricht ohnehin schon mehrere Wege des Lernens nicht nur zulässt, sondern zur Methode macht, dann rennen Sie beim zuständigen Lehrer in aller Regel offene Türen ein. Schließlich profitiert auch er von dem angestrebten höheren Grad an Aktivität, Eigenverantwortung und Methodik. Wissenschaftliche Forschungen belegen, dass:

Tipp

Testen Sie sich selbst. Sind Sie der „Halbvoll-" oder der „Halbleer-"Typ? Die einen sehen eher, was (noch) da ist, die anderen blicken mit Grausen auf das, was (schon) nicht mehr da ist. Beobachten Sie sich dann einmal, nach welchem Muster Sie Ihrem Kind Rückmeldung geben. Und machen Sie sich klar, dass Ihr Kind in seinem Verhalten Ihrem Vorbild folgt.

Laden Sie Fachleute zum Elternabend ein.

- Trainings zur Verbesserung der Lernmethodik bei jüngeren Kindern wirksamer sind als bei älteren (die scheinen schon zu sehr festgefahren zu sein),
- Eltern hier eine zentrale Rolle zukommt, indem sie Autonomie und Eigenverantwortung ihrer Kinder fördern und
- für Kinder, die im Lernen hochgradig blockiert sind, selbstwertstärkende Ermutigungen und Förderung ihrer Selbstregulation die wirksamsten Hilfen zur Überwindung ihres Leistungstiefs sind und dass schließlich
- auch erfolgreiche Schüler von Lern-Förderprogrammen profitieren können.

Man kann also mit Fug und Recht behaupten, dass nichts gegen die Einleitung solcher Lernprojekte spräche, ja sogar, dass es an Fahrlässigkeit grenzt, auf solche unterstützenden Maßnahmen zu verzichten. Und zwar aus Gründen, die einerseits in der aktuellen Situation begründet sind und andererseits gesellschaftliche Perspektiven berücksichtigen.

Weißt du, wie du am besten lernst?

Sie können ja auch einmal Ihren Sohn oder Ihre Tochter zu diesem Thema interviewen. Vielleicht sind auch Sie hinterher ganz erstaunt, was dabei zutage tritt.

Weißt du, was Strategien sind?

„Weißt du, was Strategien sind? Kennst du das irgendwo her?" – „Na klar, aus der Formel 1, da gibt es doch die Boxenstrategie." – „Ah ja, und was versteht man darunter?" – „Die Teams, Ferrari zum Beispiel, machen sich einen Plan und überlegen dann ganz genau, wann der Schumacher zum Tankstopp kommt und wie er die anderen dabei austricksen kann." – „Aha, könnte man also sagen, das ist so etwas wie ein genauer Plan, der laufend überwacht wird, damit alles noch besser klappt?" – „Genau, die beobachten laufend alles, was wichtig ist, und entscheiden dann im passenden Moment. Mit der Boxenstrategie schaffen die es, die Schwächen ihrer Reifen auszugleichen und von den Stärken ihres Motors zu profitieren." – „Und wo begegnen dir sonst noch Strategien?" – „Na, bei Age of Empires (einem unter Kindern und Jugendlichen sehr bekannten/beliebten Aufbau-Strategiespiel von Microsoft, bei dem es ähnlich wie bei „Die Siedler", „Caesar" oder „Empire Earth" von Sierra um die erfolgreiche Steuerung und Planung komplexer Entwicklungsprozesse geht). Da muss man doch auch eine gute Strategie haben. Wissen, wo man anfängt und wie man weitermacht, damit man seine Zivilisation gut wachsen lassen kann." – „Und was braucht man da noch?" – „Ressourcen natürlich, ohne Ressourcen geht gar nix!" (Interview mit Lukas, einem 9-jährigen Jungen).

Wenn man diesen pfiffigen Jungen nun zu seinen Lernstrategien und den dort zur Verfügung stehenden Ressourcen befragt, glaubt man schnell, jemand anderes vor sich zu haben: „Keine Ahnung, ich lerne einfach. Manchmal geht das gut, so in Sachkunde zum Beispiel; aber sonst ist es ja eher blöd und – du weißt ja – lesen und schreiben ist nicht mein Ding …"

So weit liegen die Welten auseinander und es erfordert schon manchen therapeutischen Kunstgriff, um die Erfahrungen und Kenntnisse aus dem nicht-schulischen Zusammenhang auch für das Lernen verfügbar zu machen. Warum ist das denn überhaupt nötig?
Es ist die immer wieder neu zu bewältigende Herausforderung, auf dem Boden einer tragfähigen Beziehung Lernkompetenzen zu fördern. Durch ein Bewusstmachen und die sinnvolle Nutzung eigener Ressourcen lassen sich die angestrebten Ziele effektiver erreichen. Lernmotivation und Selbstkonzept wachsen über die Erfolge, wenn wir mithilfe der eigenen Stärken den Schwächen erfolgreicher begegnen können. Das ist immer wieder bestätigte Erfahrung, insbesondere auch aus jahrelanger lerntherapeutischer Praxis.
Und genau darin liegen die wahren Erkenntnisse der PISA-Studien. Es geht nämlich nicht darum, Lerninhalte möglichst genau zu definieren und den Lernstand exakt zu erfassen, sondern genau um das Gegenteil. In dem Bericht zu der OECD PISA-Studie wird die Bedeutung des lebenslangen Lernens besonders hervorgehoben. Entsprechend sollen schon früh Fähigkeiten und Fertigkeiten vermittelt werden, die sich im gegenwärtigen und zukünftigen Leben des jungen Menschen bewähren; das heißt konkret, es sollen solche Kompetenzen in der Schule vermittelt werden, die zukünftiges Lernen fördern und erleichtern. Da nicht vorhersagbar ist, welches Wissen Kinder und Jugendliche als Erwachsene benötigen, muss das Schwergewicht auf dem Bereich Fähigkeit zum selbst regulierten Lernen liegen. Zukünftig heißt es also: kontinuierliches Weiter-, Um- und Neulernen ist erforderlich. Die Voraussetzung hierfür ist die Fähigkeit, das eigene Lernen, individuell und in Gruppen, zu organisieren und zu regulieren.

Je länger Kinder und Jugendliche zur Schule gehen, desto größer ist ihre Unzufriedenheit.

Lernen mit System

Wer sportliche Erfolge erringen will, muss trainieren. Wer eine Fremdsprache beherrschen und gute Noten kriegen will, muss lernen. So einfach ist das. Doch die Zeit und Energie, die vielen Anstrengungen sollen sich auch lohnen. Neben Geduld und Selbstvertrauen brauchst du die passenden Lernwerkzeuge. Hier bieten sich unsere wissenschaftlich erprobten Lerntipps für all diejenigen an, die mit weniger Aufwand mehr erreichen und ihr Sprachwissen verbessern wollen. Dabei geht es in erster Linie darum, das anfängliche Interesse an der neuen Fremdsprache zu erhalten und die Motivation nicht gleich mit der „Das-ist-aber-falsch"-Keule zunichte zu machen.
Weitere empfehlenswerte Tipps (Lerntrainer, Ratgeber, Internetseiten) finden Sie im Anhang.

Der Englisch-Tipp

Die Tipps wirken zwar nicht sofort, aber sie legen die richtige Spur. Das ist wie beim Konditionstraining im Sport, ein eigenes Lernsystem will erst gefunden sein, so, wie das optimale Training für einen Wettkampf: Je früher man damit anfängt, desto eher stellt man die Weichen auf Erfolg!
Ein kleines, beispielhaftes Lernprogramm für Englisch zeigt Ihnen, wie Sie Lernprobleme angehen könnten. So könnten Sie es Ihrem Kind nahe bringen:
Eine altersgerechte Aufbereitung von Informationen und eine durchdachte und gelungene Benutzerführung durch klare Hinweise sind für Kinder und Jugendliche aller Altersstufen wichtig. Nehmen Sie sich die Zeit, in der Buchhandlung mehrere Nachschlagewerke nebeneinander anzuschauen und suchen Sie den Rat des Buchhändlers.
Hilfreich ist es auch, die Anschaffung von Nachschlagewerken zumindest in den unteren Klassen mit dem Klassenlehrer, der Klassenlehrerin abzustimmen. Werden konkurrierende Bücher eingesetzt, können insbesondere etwas unsichere, lernschwächere Kinder zusätzlich verunsichert werden, statt dass sie Unterstützung finden.

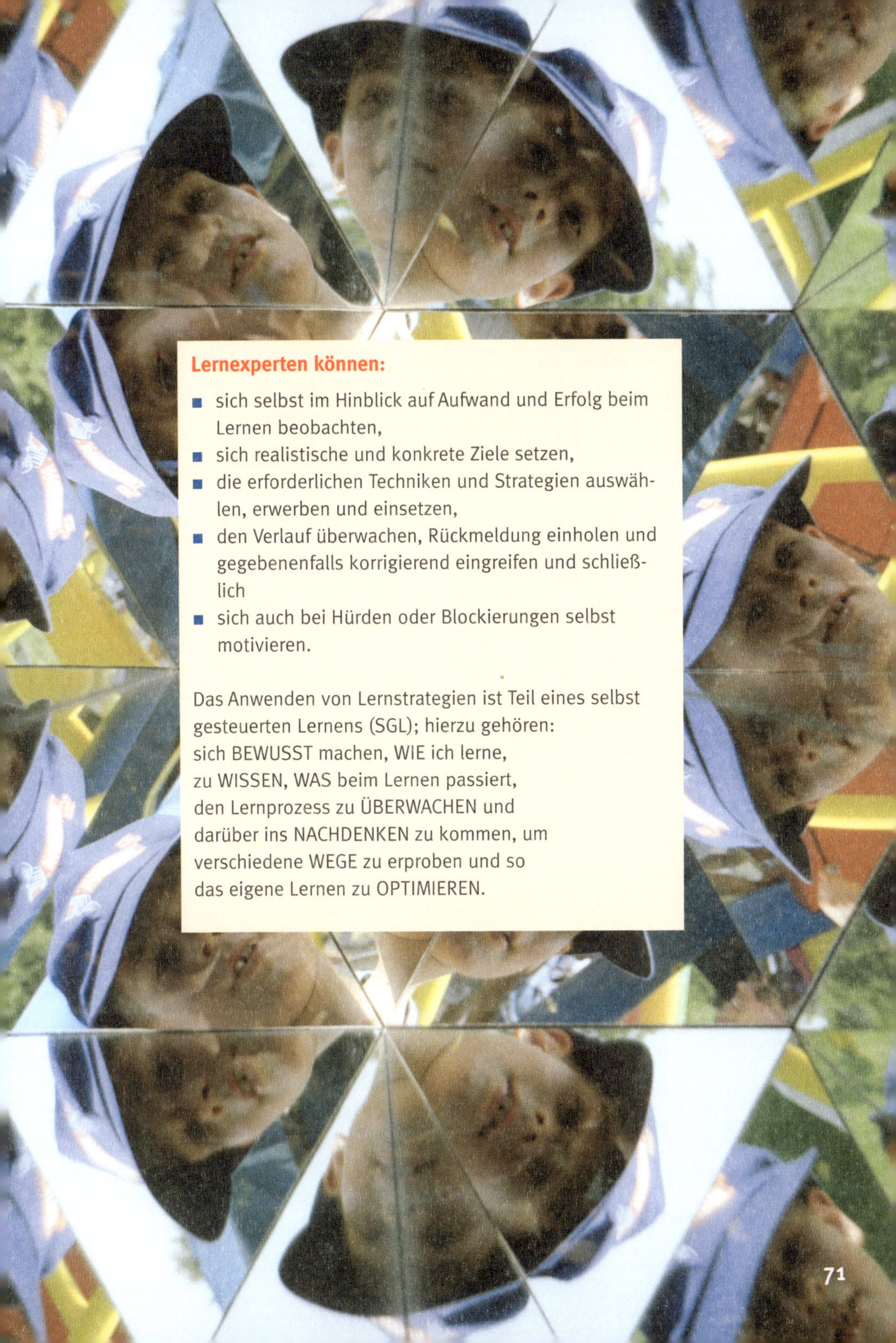

Lernexperten können:

- sich selbst im Hinblick auf Aufwand und Erfolg beim Lernen beobachten,
- sich realistische und konkrete Ziele setzen,
- die erforderlichen Techniken und Strategien auswählen, erwerben und einsetzen,
- den Verlauf überwachen, Rückmeldung einholen und gegebenenfalls korrigierend eingreifen und schließlich
- sich auch bei Hürden oder Blockierungen selbst motivieren.

Das Anwenden von Lernstrategien ist Teil eines selbst gesteuerten Lernens (SGL); hierzu gehören:
sich BEWUSST machen, WIE ich lerne,
zu WISSEN, WAS beim Lernen passiert,
den Lernprozess zu ÜBERWACHEN und
darüber ins NACHDENKEN zu kommen, um
verschiedene WEGE zu erproben und so
das eigene Lernen zu OPTIMIEREN.

Das Englisch-Programm für Ihr Kind

Hör mal hin!

Wenn du kein Sprachgenie bist, brauchen deine Ohren Zeit und vor allem Gelegenheit, sich auf die neuen und ungewohnten Laute einzustellen. Gib ihnen (und dir!) die Chance, indem du viel Englisch hörst. Ob am Radio oder die TV-Nachrichten, ob im Internet oder über die CD, die es zu eurem Englischbuch gibt – das ist ganz egal. Nimm dir täglich fünf Minuten Zeit und Ruhe für ein solches Hörtraining.

Talk, talk!

Dein gesamter Sprechapparat muss sich auf die neuen Laute einstellen. Das beste Rezept ist dies: So viel Englisch quatschen, wie es irgendwie geht. Dabei ist es auch nicht schlimm, wenn du am Anfang ein Englisch-Deutsch-Kauderwelsch sprichst; that helps you beim learning. Je mehr, desto eher gewöhnst du dich an die neuen Laute und auch an die Betonung (Sprachmelodie). Du hast schon ein gutes Stück gewonnen, wenn deine Mutter ganz entnervt ruft: „Sprich doch noch mal Deutsch mit mir!“

Listen to your own voice

Wenn du einen Kassetten- oder MD-Rekorder hast, nimm deine Stimme auf und hör dir gut zu. Dann kriegst du nämlich mit, was schon ganz gut klappt und wo du noch üben solltest. Lass auch ruhig mal einen Erwachsenen zuhören, der kann dir dann vielleicht noch den einen oder anderen Tipp etwa zum „th“ geben.

Fehler sind gut!

Auch wenn es sich völlig daneben anhören sollte, macht nix! Sprich einfach weiter. Du weißt, ohne Fleiß kein Preis. Also mach nicht den Fehler der anderen, die sich nicht trauen! Denke lieber: Gute Fehler muss man sofort machen, dann lernt man am meisten draus. Denn anfangs haben die Lehrer mit Sprechproblemen meistens noch mehr Geduld als nach einem halben Jahr!

Pinnwand

Auch wenn manche es cool finden, nix zu tun, vertrau dir lieber und suche nach den Methoden, die es dir leichter machen! Dazu gehört zum Beispiel auch eine Pinnwand mit Vokabelzetteln. Am besten nimmst du rechteckige Klebezettel (Post-it) in mindestens drei Farben und dicke Filzer, die nicht durchschreiben. Jetzt kannst du mithilfe der

Farben beispielsweise ähnliche Vokabeln leichter auseinander halten – oder Blau für Englisch und Gelb für die deutsche Übersetzung nutzen. Wenn du dann nicht mehr als acht oder zehn Vokabeln aufhängst, kannst du sozusagen im Vorbeigehen Englisch lernen. Du kannst die Klebezettel zu Gruppen zusammen hängen oder nach Wortfamilien oder Themenfeldern ordnen. Da gibt es viele Möglichkeiten, Vokabeln nicht so stumpf wie sonst zu pauken ...

Schlag nach im Wörterbuch

Auch wenn die Lehrer es noch nicht für erforderlich halten, besorge dir ein gutes Wörterbuch und schau hinein. Auch ein Bildwörterbuch verrichtet dir zu Beginn gute Dienste. Wie ein Sportler brauchst du das richtige Equipment, um gut über die Runden zu kommen.

MindMaps

MindMaps sind Gedanken-Landkarten, die sich hervorragend auch für die Fremdsprachen eignen. Denn ihre Äste und Bilder helfen dir, dein eigenes Netzwerk des betreffenden Wortfeldes oder der Grammatik zu erstellen. Probiere es aus und du wirst überrascht sein!

PC

Natürlich hilft dir auch der PC mit den richtigen Programmen weiter. Ganz gleich, ob du mit einem Vokabeltrainer oder einem kompletten Sprachlernsystem arbeitest, ob du eigene Mini-Lernposter erstellst oder E-Mails in Englisch schreibst, der PC bietet sich auch hier als bewährtes Lernwerkzeug an.

Viele Wege zum Ziel

Du solltest experimentieren und herausfinden, welche Werkzeuge und Methoden am besten zu dir passen. Denn es gibt nicht den richtigen Lernweg für alle – jeder muss seinen eigenen Weg finden. Dazu gehört auch die Suche nach den Lernkanälen: Der eine kriegt mehr über das Hören, der andere mehr über das Sehen mit. Und der Dritte lernt am besten über das Selbertun oder Sprechen.

Weiter so!

Alles, was du einübst, entwickelt sich zur Gewohnheit und läuft später fast automatisch ab. Finde es heraus, denn es ist wie beim Training in Sport: Nichts spornt mehr an als der Erfolg, und der stellt sich erst ein, wenn du am Ball bleibst! Übrigens, die Tipps gelten natürlich auch für Französisch, Spanisch, Russisch oder auch Latein!

Lernen mit einer Lernkartei

Mit einer Lernkartei wird der Stoff in kleinste, Erfolg versprechende Einheiten zerlegt. Neue Wörter werden häufiger wiederholt, bis die Schreibweise gesichert ist.

Für eine Lernkartei benötigen Sie einen Karteikasten mit fünf Registerkarten zur Einteilung und verschiedenfarbige Karteikarten.

Im Buchhandel können Sie fertige Blanko-Lernkarteien bestellen.

Sie können die Farben nach den in der Schule eingeführten Kriterien übernehmen (im Fach Deutsch zum Beispiel Wortarten: Nomen auf blau, Verben auf rot, Adjektive auf grün, sonstige Wörter auf gelb) oder unterteilen farblich nach sinnvollen Bereichen. Begriffe/Formeln/Wortmaterial oder Ähnliches richten sich individuell nach den Fehlern Ihres Kindes aus. Es sollte von einem Erwachsenen richtig, groß und gut lesbar auf die Karteikarten geschrieben werden, ältere Kinder können die Lernkartei auch selbst anlegen.

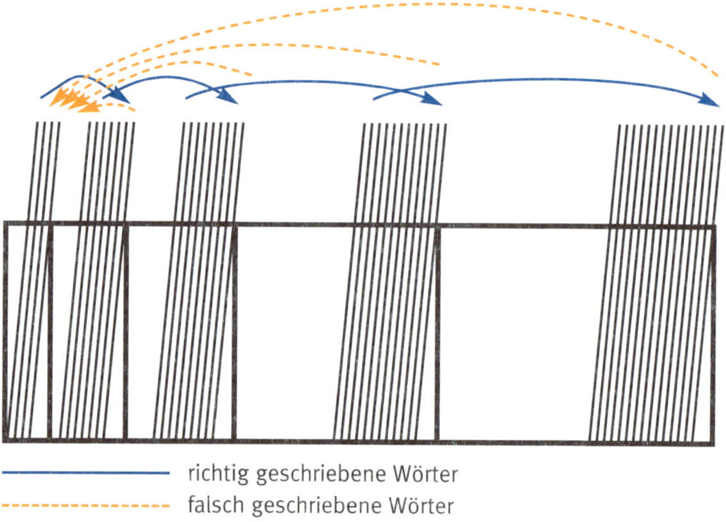

So sieht eine Lernkartei aus.

Die Lernkartei berücksichtigt wichtige pädagogische und lernpsychologische Erkenntnisse: Der Stoff muss beim Lernen wiederholt werden. Neu Gelerntes wird leicht vergessen.

Geübt wird nun, am Beispiel „Rechtschreiben" erklärt, wie folgt:

- Mehrere Wörter können einzeln diktiert werden.
- Aus mehreren ausgesuchten Karteiwörtern wird ein Satz gebildet, diktiert und wie oben beschrieben korrigiert. Älteren Kindern werden längere Sätze in einzelnen Abschnitten diktiert, um gleichzeitig die Zeichensetzung einzuüben.
- Die Wörter oder Sätze können zum Diktat auch auf eine Kassette gesprochen werden.
- Mischen Sie lauttreue Wörter mit Regelwörtern.
- Enthalten mehrere Karteikarten Wörter aus einer Wortfamilie, können diese zusammengefasst geübt und mündlich durch weitere Veränderungen ergänzt werden.
- Richtig geschriebene Wörter sortiert Ihr Kind in das zweite Fach ein. Falsch geschriebene verbleiben im ersten Fach. Werden Wörter aus dem zweiten (dritten ...) Fach wiederholt, wandern richtig geschriebene Wörter in Fach drei (vier ...), falsch geschriebene zurück in Fach eins. Auf diese Art füllen sich die Fächer allmählich.
- Die Methode eignet sich auch für Vokabeln aus Fremdsprachen (sowie Formeln, Fachwörter, Fremdwörter, historische Daten – alles, was durch Wiederholung eingeübt werden muss). Das ausländische Wort steht auf der Vorder- und die deutsche Übersetzung auf der Rückseite.

Computer und Lernen

Kind und Programm müssen zusammenpassen und es bedarf in der Regel schon einiger Versuche (und Irrtümer), um beide optimal aufeinander abzustimmen.

„Muss es denn immer dieses blöde Ballerspiel sein?!? Kannst du nichts anderes mit deinem PC anstellen?" – Fragen wie diese plagen viele Eltern, die sich wegen der intensiven PC-Nutzung ihrer Kinder Sorgen machen – und dies zu Recht, denn die Gefahren ergeben sich gottlob nicht in jedem Fall, aber die Risiken und Nebenwirkungen entwickeln sich schleichend; sozusagen unter der Haut, bis der Konflikt eines Tages massiv aufbricht. Doch bevor es zu spät ist, sollten Eltern den PC nicht ihren Kindern allein und schon gar nicht ihre Kinder dem PC (und/oder dem Fernsehen) überlassen. Wir müssen zwar schon heute davon ausgehen, dass die Medien mehr, als uns bewusst ist, die Erziehung unserer Kinder übernommen haben. Nicht alle gehen verantwortungsbewusst damit um und die viel zitierte Medienkompetenz müssen wir uns oft erst mühsam antrainieren. Und in Bezug auf ihre Kinder können und dürfen Eltern sich dieser Verantwortung nicht entziehen. Gewiss, die Kinder sollen und müssen den Umgang mit PC und Internet – als den Kulturtechniken unserer Zeit – lernen, doch geschieht dies nicht im Selbstlauf, sondern bedarf der Anleitung und Steuerung, der Auseinandersetzung und Kommunikation und manchmal eben auch der Grenzen – eben der unangenehmen Seite der elterlichen Pflichten. Während der PC für Kinder ab zehn Jahren und für Jugendliche selbstverständlich ist und auch Kinder im Grundschulalter nicht mehr ohne auskommen mögen, sollten Eltern besonders bei den Geschwistern im Vorschulalter darauf achten, dass ihre Wahrnehmung und Aufmerksamkeit nicht überfordert werden.

PUSHY & Co. – Um die Ecke denken lernen

PUSHY ist wirklich das ultimative „Kopftraining" für Jung und Alt. Wer es noch nicht kennt, sollte schleunigst bei der Medienwerkstatt Mühlacker – www.medienwerkstatt-online.de – vorbeischauen und nach der Lernwerkstatt Grundschule oder der CD-ROM „PUSHY & Co." Ausschau halten. PUSHY ist zwar nur ein kleiner Bestandteil dieser Pakete, aber schon allein deswegen lohnt sich der Kauf. Es gilt, PUSHY, der an PacMan und Sokoban erinnert, durch ein Feld zu „schieben" (to push – daher der Name) und dabei diverse Aufgaben zu erledigen. Faszinierend ist, dass man nicht ohne Fehler zum Ziel kommt. Jeder Fehler ist vielmehr eine Annäherung an die Lösung und regt den Spieler an, „um die Ecke" zu denken. Ganz gleich, ob allein, zu zweit oder im Wettstreit, das Programm verbindet und lädt zum gemeinsamen Erforschen und Fachsimpeln geradezu ein. Daher nicht nur für Schule oder Förderung als Werkzeug für ein Strategietraining geeignet, sondern auch sehr empfehlenswert für die Programmbibliothek zu Hause. Als

Grundgesetze für das Lernen von Vokabeln

- Nicht zu viel auf einmal lernen, sondern den Stoff lieber in kleine Päckchen unterteilen.
- Die richtige Wiederholungssystematik nutzen (anfangs häufiger, später seltener).
- Lernen mit allen Sinnen und viel Bewegung unterstützt den Lerneffekt nachhaltig.
- Beachten der Ranschburg'schen Hemmung (ähnliche Begriffe nicht simultan, sondern nacheinander lernen; siehe Seite 46).
- Visualisierungen und individuelle Mini-Lernposter erleichtern die Speicherung.
- Buchstabieren fördert die Vorstellungskraft und diese wiederum die Rechtschreibung.
- Vokabeln nicht nur isoliert, sondern immer auch im Zusammenhang (Wortfeld, eigenes Erleben etc.) lernen.
- Eine Lernkartei als systematisches Lern- und Wiederholungswerkzeug nutzen (siehe Seite 74).

Tipp

Der Markt der PC-Programme und Angebote ist derart schnelllebig, dass Eltern sich hier vor dem Kauf immer gründlich informieren sollten. Sie können ihr Geld ja immer nur einmal ausgeben und Qualität hat ihren Preis. Informationen gibt es im Internet, in Zeitschriften, aber auch bei qualifizierten Buchhändlern, die sich mit Lernprogrammen auch immer besser auskennen. Der Austausch unter Eltern, etwa auf einem Klassenelternabend, kann auch durch einen Vortrag von Experten bereichert werden.

Kontrast zu den üblichen PC-Spielen fordert es nicht nur die Kinder heraus. So ist PUSHY III (grün statt gelb) weit über die Grundschule hinaus einzusetzen. Während PUSHY I bei 40 Leveln aufhört, bietet die Weiterentwicklung noch wesentlich komplexere Anforderungen, vor denen auch so mancher Erwachsener schlapp machen dürfte …

Das kann man bei PUSHY lernen: Jeder Fehler ist eine Annäherung an die Lösung, ein Schritt zur Lösung. Gute Fehler muss man sofort machen – dann lernt man am meisten draus. Man lernt, um die Ecke zu denken. Wer sich Zeit lässt, kommt schneller ans Ziel. Es gibt immer mehr als nur eine(n) Weg oder eine Lösung.

Kinder sind am PC oft richtige Asse.

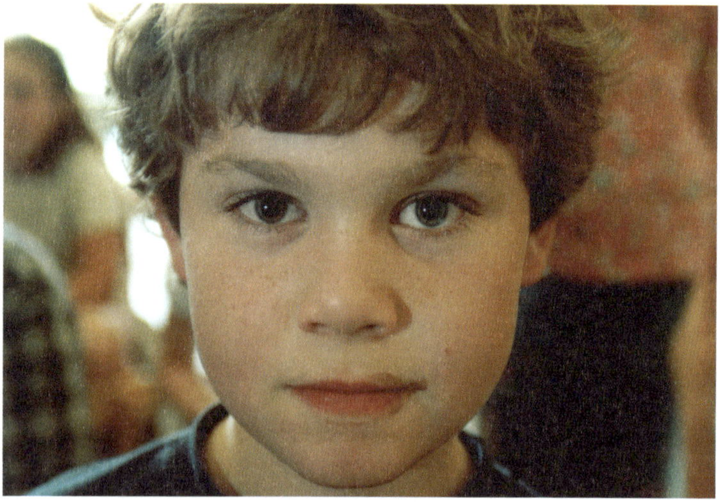

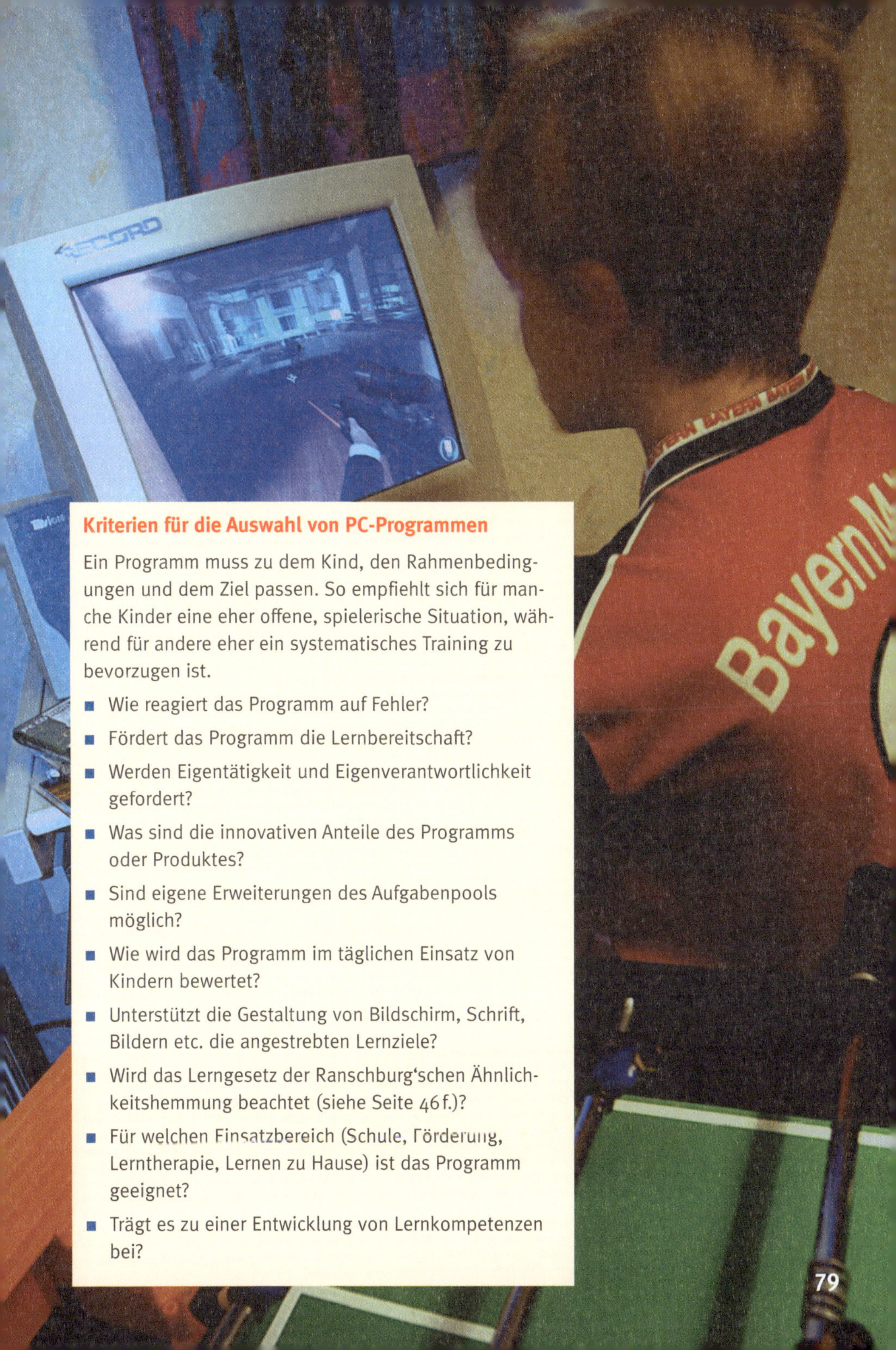

Kriterien für die Auswahl von PC-Programmen

Ein Programm muss zu dem Kind, den Rahmenbedingungen und dem Ziel passen. So empfiehlt sich für manche Kinder eine eher offene, spielerische Situation, während für andere eher ein systematisches Training zu bevorzugen ist.

- Wie reagiert das Programm auf Fehler?
- Fördert das Programm die Lernbereitschaft?
- Werden Eigentätigkeit und Eigenverantwortlichkeit gefordert?
- Was sind die innovativen Anteile des Programms oder Produktes?
- Sind eigene Erweiterungen des Aufgabenpools möglich?
- Wie wird das Programm im täglichen Einsatz von Kindern bewertet?
- Unterstützt die Gestaltung von Bildschirm, Schrift, Bildern etc. die angestrebten Lernziele?
- Wird das Lerngesetz der Ranschburg'schen Ähnlichkeitshemmung beachtet (siehe Seite 46 f.)?
- Für welchen Einsatzbereich (Schule, Förderung, Lerntherapie, Lernen zu Hause) ist das Programm geeignet?
- Trägt es zu einer Entwicklung von Lernkompetenzen bei?

Wenn nichts mehr geht ...

Vielleicht haben Sie bereits vieles ausprobiert und Ihr Kind hat dennoch nicht aus dem Teufelskreis der Lernschwierigkeiten herausgefunden. Was tun? Es muss nicht immer gleich Therapie oder eine andere Form einer Behandlung sein! Das Entscheidende ist, dass der gefühlsmäßige Druck aus der Situation genommen wird. Was sollten Eltern also tun, wenn sie das Gefühl haben, dass es „so nicht weitergehen“ kann? Die folgenden Faustregeln für Eltern können eine erste Orientierung geben:

1. Die Lernblockierung ernst nehmen und näher beleuchten.
2. Ängste nicht bagatellisieren oder dramatisieren, sondern als Signal ernst nehmen.
3. „Schulbauchweh“ als Symptom verstehen lernen.
4. Die Entwicklung von Kindern mit Risikofaktoren (Verzögerungen in der Motorik, Sprache oder Wahrnehmung) besonders aufmerksam verfolgen.
5. Auch hinter einem „Ich will nicht!“ nach einem „Ich kann nicht!“ suchen.
6. Die eigenen, oft verborgenen Leistungserwartungen an die Kinder bewusst machen und (selbst-)kritisch beleuchten.
7. Den persönlichen Kontakt zu den Lehrern suchen, auch wenn es manchmal schwer fallen mag.
8. Schulinterne Handlungsmöglichkeiten ausschöpfen (Lehrer/Eltern/Beratungslehrer/ ...).

9. Rechtzeitig qualifizierte außerschulische Hilfe und Beratung aufsuchen.

Auf jeden Fall ist rechtzeitig eine differenzierte Diagnostik zu empfehlen; diese kann unter Umständen auch als vorsorgliche Maßnahme erfolgen. Die Früherkennung von Lernstörungen bekommt endlich eine zunehmend größere Bedeutung. In naher Zukunft sind nicht nur Sprachuntersuchungen, sondern auch die Überprüfung von Wahrnehmungsleistung und Motorik Standard, bevor die Kinder eingeschult werden. Leider ist der Kenntnisstand vieler Lehrer und Erzieher über Teilleistungs- und Aufmerksamkeitsstörungen bis heute oft nicht hinreichend, sodass außerschulischer Beratung nach wie vor eine wichtige Bedeutung zukommt. So kann in Einzelfällen eine integrative Lerntherapie oder eine andere Therapieform erforderlich werden.

Lernprobleme rechtzeitig erkennen – kein Kunststück.

Doch bis präventive Maßnahmen flächendeckend effektiv genutzt werden, bleibt die Frage für den Notfall: Was tun, wenn gar nichts mehr geht? Spätestens wenn Eltern rat- und hilflos werden, wenn ihre Kinder verzweifeln und alles ausgeschöpft scheint, ist der Zeitpunkt für professionelle Hilfe und Beratung gekommen. Und genau dies ist ein kritischer Punkt, weil hiermit oft eine (innere) Hürde überwunden werden muss.

Mit anderem Blick ...

„Bin ich froh, dass wir diesen Schritt endlich gewagt haben“, berichtet eine Mutter in einem Beratungsgespräch. „Dies Hin und Her, sollen wir oder sollen wir nicht? Vielleicht halten die das ja auch für völlig übertrieben ... Vielleicht hat die Schule ja auch Recht, dass sich das alles wieder von selbst einrenkt ... Am Ende wussten wir gar nichts mehr, und dann habe ich einfach angerufen. Jetzt bin ich froh, dass wir das nicht mehr alles alleine mit ansehen und bewerten müssen, dass jemand von außerhalb mit drauf guckt!“

Genau darin, im Perspektivwechsel, liegt eine gute Chance in der Beratung von außen. Es kommt jemand dazu, der professionell je-

Tipp

Im Zweifelsfall sollten Eltern lieber zu früh als zu spät die schulpsychologische Beratung oder einen Lerntherapeuten aufsuchen. Viele Probleme rund um das Thema Lernen haben eine lange Lebensdauer und wachsen sich selten aus. Leider wird das Thema Vorsorge noch viel zu klein geschrieben. Tatsächlich wird sie automatisch in die Hände der Eltern gelegt. Und zu warten, bis das Kind in den Brunnen gefallen ist, das muss nicht sein.

den Tag mit dem Thema Lernschwierigkeiten vertraut ist und der nicht „zum System" dazugehört, also neutral und unabhängig beraten kann. „Und als ich mir klar machte, der ist genau dafür da, dann war's auf einmal ganz einfach!"

Wer kann helfen?

Doch welche Helfer gibt es und wer kommt überhaupt infrage? Nachfolgend sind die Berater aufgezählt, die potenziell infrage kommen. Die Auswahl im konkreten Fall richtet sich dann tatsächlich nach pragmatischen und individuellen Kriterien: Nicht jeder Helfer ist überall verfügbar; einige Berater werden viel zu lange Wartelisten haben und schließlich entscheidet die Dringlichkeit ebenfalls über die Wahl der geeigneten Fachleute:

- Beratungslehrer,
- schulpsychologischer Dienst,
- Beratungsstelle für Eltern, Kinder und Jugendliche,
- Kinder- und Hausarzt,
- Kinder- und Jugendlichen-Psychiater,
- Kinder- und Jugendlichen-Psychotherapeut,
- integrativer Lerntherapeut,
- besondere kindertherapeutische Hilfen.

Hilfe vor Ort – Beratung in der Schule

Über den ersten Ansprechpartner, den Klassen- oder Fachlehrer Ihres Kindes, hinaus gibt es zumindest an größeren Schulen oder Schulzentren die Einrichtung des Beratungslehrers. Dies sind in der Regel besonders interessierte und speziell fortgebildete Lehrkräfte, die bei Lernproblemen der unterschiedlichsten Art angesprochen werden können. Sie haben den Vorteil, dass sie das System Schule von innen heraus kennen und gleichzeitig Abstand zur konkreten Situation haben. So stehen sie also im Stoff und sind gleichzeitig ein Stück draußen. Doch gibt es diese Institution nicht überall, sodass Eltern im Einzelfall weiter suchen müssen.

Tipp

Ob es an Ihrer Schule einen Beratungslehrer gibt, erfahren Sie vom Klassenlehrer oder Rektor. Manchmal gibt es auch Sonderpädagogen, die einer Integrationsklasse zugeordnet sind, aber unter Umständen auch darüber hinaus beratend aktiv werden. Fragen Sie nach.

Der Psychologe in der Schule – schulpsychologischer Dienst

Die zuvor beschriebenen Merkmale treffen weitestgehend auch auf den schulpsychologischen Dienst zu. Allerdings haben allenfalls größere Schulzentren ihren „eigenen" Schulpsychologen. Ansonsten ist dieser Beratungsdienst, der auch von Eltern in Anspruch genommen werden kann, in der Regel der Schulaufsichtsbehörde (zum Beispiel Bezirksregierung) zugeordnet. Schulpsychologen bieten über die pädagogische Einschätzung hinaus die Möglichkeit der fachpsychologischen Untersuchung (ausführliche Leistungstests und andere psychologische Verfahren) und Beratung. So lassen sich Lernprobleme und ihre Hintergründe genauer erfassen, um auf dieser Basis gemeinsam nach Lösungsmöglichkeiten zu suchen. Schulpsychologen sind als Teil des Schulsystems beste Kenner der Materie. Sie kommen auch direkt in die Schule, beraten die Lehrer und Lehrerinnen oder hospitieren im Unterricht, um sich unmittelbar vor Ort einen Eindruck zu machen. Da es jedoch viel zu wenig Schulpsychologen gibt, kann sich also im Einzelfall ein Beratungsstau ergeben, sodass Eltern auch hier nicht automatisch die gewünschte Hilfe erhalten.

Der erste Schritt muss in der Schule erfolgen.

Wer als Schulpsychologe zuständig ist und wie Sie den Dienst erreichen, erfahren Sie entweder an Ihrer Schule oder über die Schulaufsichtsbehörde.

Fachleute für Beratung – die Beratungsstellen

In der Regel in freier Trägerschaft gibt es in den Städten die Möglichkeit zur Beratung bei den früher so genannten Erziehungsberatungsstellen. In der Regel finden Sie hier ein interdisziplinäres Team aus Diplom-Psychologen und Kinder- und Jugendlichentherapeuten, das Ihnen ebenfalls für Diagnostik (Testuntersuchung) und Beratung zur Verfügung steht. Im Unterschied zum schulpsychologischen Dienst kann sich die Beratung auch über einen längeren Zeitraum erstrecken. Hier gibt es oft auch spezielle Gruppenangebote für Kinder zu wichtigen Themen wie Selbstbehauptung, Umgang mit Ängsten, Trennung und Scheidung, aber mitunter auch speziell zum Lernen.

Sie finden die Beratungsstelle in Ihrer Nähe im Telefonbuch in den Rubriken (psychologische) Beratung, Erziehungsberatung oder fragen Sie direkt bei den Wohlfahrtsverbänden (Diakonisches Werk, Caritas, AWO etc.) nach. Die Beratung ist kostenlos; mit Wartezeiten müssen Sie auf jeden Fall rechnen.

Haus- oder Kinderarzt – Beratung aus einer anderen Perspektive

Der Kinderarzt kennt Ihr Kind gut. Fragen Sie ihn auch bei Schulproblemen.

Kinder- und Jugendärzte sind Begleiter Ihres Kindes oft über einen langen Zeitraum und können daher auch einen Verlauf recht gut einschätzen. Sie kennen mögliche Entwicklungsbesonderheiten und können auch aufmerksamkeitsbedingte Defizite gut einschätzen. Außerdem sind sie diejenigen, die ggf. Ergo-, Sprach- oder Physiotherapie auf Rezept verordnen oder Ihr Kind an einen Spezialisten überweisen. Sie kennen eine große Zahl von Kindern und können mit ihrer professionellen Erfahrung mancher elterlichen Unsicherheit kompetent entgegenwirken. Und schließlich sind sie wieder Ansprechpartner für die notwendigen medizinischen Untersuchungen für die Einleitung einer Psychotherapie.

Ein Spezialfall sind so genannte sozialpädiatrische Zentren, die Sie allerdings nur in größeren Städten finden. Hier erwarten Sie speziell ausgebildete Kinderärzte, die, von einem multiprofessionellen Team unterstützt, ein breites Diagnostik- und Behandlungsangebot haben, das oft auch bei schulischen Problemen helfen kann.

Kinder- und Jugendlichenpsychiater – ärztliche Therapeuten nicht nur für die Seele

Ein Kinder- und Jugendlichenpsychiater ist Facharzt für seelische und verhaltensbezogene Probleme bei Kindern und Jugendlichen. Er vereinigt organmedizinische und psychiatrisch-therapeutische Kompetenzen, die für eine umfassende, integrierte Diagnostik und Behandlung zur Verfügung stehen. Neben niedergelassenen Ärzten, die oft auch mit einem multiprofessionellen Praxisteam arbeiten, gibt es auch Kliniken oder Abteilungen etwa an Kinderkrankenhäusern, die über ein ambulantes Angebot hinaus auch die Möglichkeit zur stationären Beobachtung und Behandlung bieten. Hierzu gehört in der Regel auch ein Notdienst für Krisen. Ansonsten muss mit längeren Wartezeiten (bis zu einem halben Jahr) gerechnet werden und es bedarf der Überweisung vonseiten des Haus- oder Kinderarztes. In einigen Regionen übernehmen Kinder- und Jugendlichenpsychiater im Auftrag des Gesundheitsamtes auch die Begutachtung bei einem Antrag auf Lerntherapie.

Zum Glück hat sich die Hemmschwelle gegenüber der Kinderpsychiatrie ein gutes Stück gesenkt, denn diese Fachrichtung der Medizin integriert am besten multiprofessionelle Kompetenzen und ist Ansprechpartner ersten Ranges etwa bei der Diagnostik und Behandlung von Aufmerksamkeitsstörungen, so genannten emotionalen Verunsicherungen oder psychosomatischen Störungen. Sie bieten ein umfassendes Therapieangebot einschließlich medikamentöser Behandlung an.

> **Tipp**
>
> Schauen Sie auch im Internet nach: Kliniken und Abteilungen sind dort oft mit weiterführenden Informationen vertreten. Kinderpsychiater sind auch ärztliche Psychotherapeuten, die in der Regel auch psychotherapeutische Behandlungen anbieten.

Kinder- und Jugendlichen-Psychotherapeut – Fachleute für das Wohlbefinden der Seele

Seitdem gegen Ende des letzten Jahrhunderts das Psychotherapeutengesetz verabschiedet wurde, ist dieser Bereich neu geregelt und in der Tendenz auch überschaubarer und vor allem besser erreichbar geworden. So soll das so genannte Erstzugangsrecht auch durch die Veränderungen im Gesundheitssystem nicht angetastet werden. Die Gebietsbezeichnungen – Kinder- und Jugendlichen-Psychotherapeut oder Psychologischer Psychotherapeut – sind zwar wahre Zungenbrecher, aber in der Regel das einzig Abschreckende. Sie finden Pädagogen oder Psychologen, die sich in einer mehrjährigen Weiterbildung auf einen Therapieschwerpunkt (etwa Verhaltenstherapie oder Tiefenpsychologie) bei Erwachsenen und/oder Kindern und Jugendlichen spezialisiert haben. Sie sind wie Ärzte über die jeweiligen Kassenärztlichen Vereinigungen zugelassen und damit Teil des medizinischen Versorgungssystems. Untersuchungen und Behandlungen werden über die Chipkarte mit der Krankenkasse abgerechnet. Eine Zuzahlung vonseiten der Patienten ist zumindest bei Kindern und Jugendlichen derzeit nicht in Sicht. Aber angesichts der gewaltigen Umstrukturierungen im Gesundheitssystem kann dies auf Dauer zumindest nicht ausgeschlossen werden.

Adressen von Therapeuten gibt es bei der Krankenkasse.

Ob eine Psychotherapie Mittel der Wahl ist, ob Kind, Eltern und Therapeut zueinander passen, kann in so genannten probatorischen Terminen geklärt werden, eine Art Probesitzungen. Eine Therapie ist immer genehmigungspflichtig und muss in der Regel von einem unabhängigen Gutachter aufgrund eines ausführlichen Berichts des Therapeuten befürwortet werden. Private Versicherungen tragen die Kosten in der Regel auch; hier gibt es allerdings eine Vielzahl individuell abweichender Regelungen.

Wann ist eine Psychotherapie sinnvoll bzw. erforderlich?

Psychotherapie ist eine intensive und aufwändige Maßnahme, für deren Notwendigkeit es genaue Regelungen, die so genannten Psychotherapierichtlinien gibt. Was wären mögliche Indikationen für eine solche Maßnahme?

- Anhaltende Schul- und Versagensängste (Ihr Kind traut sich nichts mehr zu und entwickelt typische Ängste und Vermeidungsverhalten gegenüber Schule, Klassenarbeiten; es ist beim Lernen blockiert und „kapiert gar nichts mehr“)
- Verlust des Selbstvertrauens in die eigenen Fähigkeiten (Ihr Kind traut sich nichts mehr zu, mag sich nicht mehr anstrengen und erwartet in der Regel „wie immer eine Fünf“)
- Depressive Verstimmungen (Ihr Kind hat seine Fröhlichkeit und Lebendigkeit verloren; es vergräbt sich hinter Büchern, am PC und das Einzige, was zu hören ist, ist „Lass mich doch in Ruhe!“)
- Ängste vor Lehrern oder Mitschülern (Ihr Kind geht mit Bauchschmerzen in bestimmte Situationen und würde dort „am liebsten fehlen“)
- Nicht nachvollziehbare Veränderungen in Stimmung und Verhalten (Ihr Kind ist seit geraumer Zeit „so komisch“ und Sie wissen sich weder Rat noch Erklärung)
- Anhaltende Probleme mit Konzentration und Aufmerksamkeit (Wenn Ihr Kind sich für etwas interessiert, klappt alles; aber Hausaufgaben und Üben sind der „reinste Kampf“)
- Hoher Grad an mangelnder Selbstorganisation (Ihr Kind vergisst alles und jedes; „Gott sei Dank ist sein Kopf fest angewachsen ...“).

Die zuletzt genannte Thematik stellt einen Grenzfall dar; sie kann zu einer Behandlung führen, wenn sie etwa im Rahmen einer Aufmerksamkeitsproblematik gesehen wird. Dann sind die Voraussetzungen etwa für eine Verhaltenstherapie gegeben. Aber Sie sollten sich im Vorhinein nicht zu sehr einen Kopf ma-

Tipp

Gute Therapeuten erkennt man daran: Sie sorgen dafür, dass Sie (als Eltern) es richtig bzw. noch besser machen. Therapeutische Experten sind also nicht mit dem Zahnarzt zu vergleichen, bei dem Sie (bzw. Ihr Kind) nur den Mund aufhalten müssen. Sie sind eher mit einem Fahrlehrer zu vergleichen, der eine Weile in Ihrem Wagen mitfährt und Sie bezüglich Ihres Fahrstils auch bei schwierigen Straßenverhältnissen anleitet und schult. Bewährte Methoden sind Ermutigung, Zutrauen gepaart mit Struktur und Systematik.

chen. Ob eine Therapie möglich, wünschenswert, sinnvoll oder gar notwendig ist, können Sie mit einem Therapeuten gemeinsam klären. Hierzu dienen in aller Regel die Probetermine, in denen auch zumindest ein Teil der erforderlichen Testuntersuchungen durchgeführt wird.

Integrative Lerntherapie – beim Lernen wieder Tritt fassen

Integrative Lerntherapeuten sind Spezialisten für Lernblockierungen, die vor allem als Folge so genannter umschriebener Lernstörungen auftreten. „Lesen lernen kann doch jeder", mag der eine oder andere denken. Doch die Realität sieht leider anders aus. Eine nicht unbeträchtliche Zahl von Schülern versagt beim Erwerb der Kulturtechniken Lesen, Schreiben und Rechnen. Für die Umgebung meist völlig erwartungswidrig baut sich schleichend ein Misserfolg nach dem nächsten auf. Der ursprünglich lernmotivierte Schüler verliert zusehends den Glauben an sich und versucht den ständigen Überforderungen durch Flucht nach innen oder außen zu entkommen. Er erlebt gut gemeinte Fördermaßnahmen als Schikane (weil sie nicht wirklich am Problem ansetzen) und verwickelt sich immer mehr in kompensatorisches Ersatzverhalten.

Die erste Hürde ist die schwerste.

Wenn Lernmotivation und Selbstwertgefühl völlig am Boden liegen, Eltern und Lehrer ratlos davor stehen, dann ist ein „Teufelskreis (der) Lernstörungen" entstanden, der am ehesten in einer professionell organisierten Lerntherapie überwunden werden kann. Diese außerschulische Hilfe wird in Einrichtungen und freien Praxen angeboten und in der Regel über die Eltern oder als Maßnahme der Jugendhilfe finanziert.
Integrative Lerntherapie ist abzugrenzen von Nachhilfe, einer reinen Förderung der Lernprobleme, und auch von einer psychotherapeutischen Behandlung der seelischen Konflikte. Das Grundmodell der Lerntherapie, das so genannte Wirkungsgefüge, verdeutlicht diesen ganzheitlichen Mehrebenenansatz der Therapie:

- Schüler – Stärkung bzw. Wiederaufbau eines positiven Selbstwertgefühls, von Lernmotivation und ermutigender Zukunftsorientierung,
- Symptom (Lese- und Rechtschreibprobleme, Schwächen in Mathematik, weitergehende Lernprobleme) – förderdiagnostische Analyse und Aufbau spezifischer Kompetenzen im Lese-/Schriftsprach- oder mathematischen Bereich,
- System Schule und System Familie – Miteinbeziehung von familiärer und schulischer Situation.

Professionelle Lerntherapie hilft den entmutigten Schülern, wieder ein positives Selbstwertgefühl aufzubauen und an sich glauben zu können. Dies gelingt am ehesten auf der Basis einer tragfähigen therapeutischen Beziehung, die in der Lerntherapie ähnlich bedeutsam ist wie in der Psychotherapie. Herausragendes Merkmal für die Effektivität lerntherapeutischen Handelns ist das Ansetzen an den Stärken des Kindes oder Jugendlichen. Diese Ressourcenorientierung schafft über ein Zutrauen in die eigene Leistungsfähigkeit die Basis für Motivation zur Arbeit am Symptom (Lese-Rechtschreib-Schwäche, Rechenschwäche). Diese Haltung fördert eine positive Lernstruktur, stärkt das Selbstwertgefühl und steht damit in deutlichem Kontrast zu einem oft erlebten Defizit-Denken. Dieses Prinzip zieht sich wie ein roter Faden vom Erstkontakt über die Diagnostik hin zu Beratung und Behandlung.

Aufgaben des Lerntherapeuten sind:

- Aufklären über die Wechselwirkungszusammenhänge einer Lernstruktur,
- „Umdefinieren“ der oft negativen Zuschreibungen aus der Umwelt („Der kann einfach nichts!“),

Die tragende Philosophie der Lerntherapie ist, mit den vorhandenen Stärken die bestehenden Schwächen zu überwinden.

- Eltern und Lehrer befähigen zu verstehen,
- Ihre Handlungsmöglichkeiten zu erweitern und
- gegebene Blockierungen aufzuheben.

Die Praxis erfolgreicher Lerntherapie zeichnet sich aus durch Methodenintegration, Flexibilität und Spaß an sinnvollen Lerninhalten in einer ermutigenden Beziehung.

Selbstwertgefühl und Lernmotivation sind die entscheidenden Größen, von denen letztlich alles abhängt.

Professionelle Lerntherapie ist ein integratives Verfahren, in das Methoden und Erkenntnisse aus unterschiedlichen Disziplinen einfließen. Maßgeblich ist, dass sich der Lerntherapeut in seiner Methode qualifiziert hat und die Methode zu seiner Persönlichkeit passt. Nur so kann er authentisch arbeiten und Erfolge erzielen. Die Methoden sind sehr vielfältig und richten sich nach den Möglichkeiten der einzelnen lerntherapeutischen Institute oder Praxen. In den ambulant tätigen Institutionen oder im Kontext einer Klinik mit einem eigenen Fachbereich Lerntherapie trifft man in der Regel auf ein breit gefächertes interdisziplinäres Team. Niedergelassene Lerntherapeuten weisen meist entweder eine pädagogische oder eine psychologische Grundqualifikation auf, die durch Weiterbildung und Spezialisierung auf den jeweiligen Behandlungsgegenstand abgestimmt ist. Dabei sind übende Verfahren als ein Element der symptomspezifischen Techniken immer Bestandteil eines breiten Methodenrepertoires. In jüngster Zeit kommt auch hier der Computer als Kulturtechnik unserer Zeit neben anderen Verfahren zum Einsatz. Kompetenzen der Schüler im Umgang mit dieser Technik lassen sich in der Lerntherapie kompensatorisch für den Umgang mit den Defiziten nutzen (Prinzip „Schwächen mithilfe der Stärken managen").

Der Aufwand für die Lerntherapie, die durchschnittliche Stundenzahl für die Einzel- und Gruppentherapie, für die Elterngespräche und Lehrerkontakte richtet sich nach den Erfordernissen des einzelnen Falls und der Vorgehensweise des einzelnen Lerntherapeuten. Als Erfolge in der Lerntherapie gelten die sichtbaren und messbaren Veränderungen der Lernstruktur. Dies sind im Einzelnen:

- alle Veränderungen, die zur psychischen Stabilisierung des Kindes oder Jugendlichen beitragen,

- die Stärkung seiner Fähigkeit, soziale Beziehungen positiv und dauerhaft zu gestalten,
- die Wiederherstellung seiner Lernfähigkeit und
- die Verbesserung seiner Arbeitshaltung sowie nachfolgend
- Verbesserungen seiner schulischen Leistungen.

Tipp

Integrative Lerntherapeuten beziehen selbstverständlich immer auch Eltern oder die Familie mit in die Behandlung ein und stellen auch den Kontakt zur Schule her. Sie achten nicht nur auf die Probleme und Defizite, sondern forschen intensiv nach den Stärken von Kind und Eltern. Ihr Therapieprinzip ist Ermutigung und Stärkung!

Wo Sie einen qualifizierten Lerntherapeuten finden und wann Ihr Kind einen Anspruch auf Lerntherapie hat

Der Begriff Lerntherapie ist nicht geschützt; daher kann sich auch jedes Nachhilfeinstitut mit diesem Begriff schmücken. Eltern sollten also vorsichtig sein und die Angebote genau in Augenschein nehmen. Hier kann die Internetseite des Fachverbandes für integrative Lerntherapie e.V. (www.lerntherapie-fil.de) weiterhelfen. Dort finden Sie aktuelle Listen mit Adressen von Therapeuten hoffentlich auch in Ihrer Nähe. Und Sie finden hier besonders qualifizierte Lerntherapeuten, die sich gemäß den Richtlinien des FiL weitergebildet haben und das Zertifikat „Integrativer Lerntherapeut FiL" tragen dürfen. In den Einrichtungen oder Praxen erhalten Sie dann auch weitergehende Informationen über die Finanzierung, die regional sehr unterschiedlich geregelt ist. Lerntherapie ist als Teil der Jugendhilfe eine so genannte nachrangige Maßnahme, die dann zum Tragen kommt, wenn

Kostenübernahme kann beim Jugendamt beantragt werden.

- schulische Maßnahmen (also Förderunterricht) alleine nicht (mehr) ausreichen oder nicht realisierbar sind, um das Lerndefizit auszugleichen, und
- eine so genannte „wesentliche seelische Behinderung" droht oder nachgewiesen werden kann. Damit sind seelische und verhaltensbezogene Probleme gemeint, die als Folge des Lerndefizits bewertet werden.

Wenn diese Voraussetzungen zweifelsfrei nachgewiesen sind – eine umfassende Überprüfung erfolgt durch die beteiligten Stellen Schule, Schulaufsicht, Jugend- und Gesundheitsamt –, kann entsprechend den Regelungen des § 35a des Kinder- und Jugendhilfegesetzes (KJHG) eine integrative Lerntherapie bewilligt werden. Hierzu müssen die Eltern einen entsprechenden Antrag beim zuständigen Jugendamt stellen. Allerdings gibt es hier aus unterschiedlichsten Gründen, nicht zuletzt aus dem Zwang, Kosten zu sparen, regional sehr verschiedene Wege und Hindernisse, die sich am ehesten mit den Therapeuten zusammen bewältigen lassen. Sollte sich kein Finanzierungsweg eröffnen, bleibt den Eltern oft nur übrig, die Kosten selbst zu tragen. Hier zeigt sich einmal mehr, dass Zuständigkeiten und Möglichkeiten in der therapeutischen Landschaft für betroffene Eltern nicht einfach zu durchschauen sind. Und der Zeitpunkt, zu dem sie sich damit beschäftigen müssen, ist in der Regel ungünstig, weil sie meist rasch eine Hilfe für ihr Kind ausfindig machen müssen. Hinzu kommt, dass die Hilfebereiche nicht automatisch miteinander vernetzt sind und Informationen über Psycho- oder Lerntherapie oft selbst in Schulen nicht vorliegen. Hier leisten betroffene Eltern oft Pionierarbeit, die hier und da an Elternabenden gewürdigt wird.

Die Praxis der Bewilligung ist regional sehr unterschiedlich.

Kindertherapeutische Hilfen – Entwicklungstherapie und mehr

Zu der Gruppe der so genannten kindertherapeutischen Berufe gehören Ergotherapeuten, Sprachheilpädagogen (oder Logopäden) und Physiotherapeuten (oder Krankengymnasten). Vor allem in der erstgenannten Gruppe gibt es eine große Anzahl von Therapeuten, die bei jüngeren Kindern (Vor- und Grundschulalter) Hilfestellung in den Entwicklungsbereichen Wahrnehmung, Motorik und deren Integration geben. Sie können ebenso wie die beiden anderen Berufsgruppen als Entwicklungstherapeuten beschrieben werden, weil sie hauptsächlich mit der Förderung spezifischer, für eine gesunde Entwicklung erforderlicher Funktionen befasst sind. Hierzu gehören viele für einen erfolgreichen schulischen Verlauf erforderliche Prozesse.

Zum guten Schluss

Manche meinen es besonders gut, doch viel hilft nicht viel. Eltern sollten sich also davor hüten, gleich mehrere Behandlungsangebote parallel zu nutzen. Kinder brauchen in erster Linie Zutrauen, Geduld und eine gute Beziehung zu ihren Eltern. Das ist immer mehr wert als jede Therapie.

Deshalb noch einmal diese Tipps zum guten Ende.

Erhalten Sie einen positiven Kontakt zu Ihrem Kind über:

- einen Perspektivwechsel: welche Stärken, welche positiven Seiten hat Ihr Kind?
- Zeit für das Kind – Schaffen Sie eine „tägliche Oase“ mit problemfreier Rede- und Spielzeit.
- Positive Kommunikation – mit Interesse zuhören.
- Schaffen Sie eine hilfreiche Struktur mit
- klaren Regeln und Grenzen,
- Verzicht auf ewiges Kritisieren,
- Ermutigen und richtigem Lob von positivem Verhalten.

Holen Sie zum Schluss doch bitte noch einmal Ihren Zettel mit dem Schwarzen Punkt hervor und prüfen Sie, ob es und wenn ja welche Entwicklungen gegeben hat. Bedenken Sie auch hier, vieles braucht Zeit, Entwicklung lässt sich nicht erzwingen und große Ziele brauchen viele kleine Schritte.

Und vergessen Sie zu guter Letzt nicht den schon einmal erwähnten Hinweis eines Lehrers an einen verunsicherten Vater: „Und kippen Sie bloß nicht wegen der Schule die gute Beziehung zu Ihrem Kind über Bord!“. In diesem Sinne wünsche ich Ihnen eine gute Portion Gelassenheit im Umgang mit Lernen & Co.

Jede Krise bietet die Chance zu einer Verbesserung, einem Neuanfang.

Serviceteil

Nützliche Adresse für Deutschland

Aktion Humane Schule (AHS)
1. Vors.: Dipl.-Päd. Detlef Träbert (Büro)
Merheimer Str. 484
50735 Köln
Telefon: 0221/9743297
Fax: 0221/9743298
E-Mail: ahs@schubs.info
www.ahs.uni-osnabrueck.de
Viele Informationen und Aktivitäten zum Themenfeld Schule

BundesElternrat (BER)
Grantham-Allee 20
53757 St. Augustin
Telefon: 02241/865-263, -264
Fax: 02241/865265
E-Mail: Bundeselternrat@gmx.de
Zentrale der Elternmitwirkung in Schule

Bundesverband Legasthenie und Dyskalkulie e.V. (BVL)
Königstraße 32
30175 Hannover
Telefon: 0511/31 87 38
Fax: 0511/31 87 39
E-Mail: legasthenie@aol.com
Internet: www.legasthenie.net
Zentrale der regionalen Elternselbsthilfegruppen zu LRS und Dyskalkulie

Fachverband für integrative Lerntherapie e.V. (FiL)
Geschäftsstelle
Magdalenenstraße 36
49080 Osnabrück
Telefon: 0541/3504783
Fax: 0541/ 9338957
E-Mail: info@lerntherapie-fil.de
www.lerntherapie-fil.de
Information über Integrative Lerntherapie und therapeutische Angebote vor Ort

Redaktionsschluss für die Überprüfung der WWW-Adressen: 31.9.2003. Wir können nicht ausschließen, dass unter einer solchen Adresse inzwischen ein anderer Inhalt angeboten wird.

Internettipps

www.schulpsychologie.de
www.lernfoerderung.de

www.kinderpsychiater.org
BKJPP – Kinderpsychiatrie

www.bke.de
Bundeskonferenz für Erziehungsberatung

www.psychotherapiesuche.de
Psychotherapie-Informations-Dienst

www.bildungsserver.de
Deutscher Bildungsserver

www.phonologische-bewusstheit.de
Phonologische Bewusstheit

www.computerundlernen.de
Tipps zum Alltag, zu Programmen und Materialien

www.cornelsen.de/eltern/
www.lernen-heute.de/
www.ni.schule.de/~pohl/lernen/kurs/index.htm
home.t-online.de/home/Stephan.Reuthner/lerinfrm.htm
www.gym.moosburg.org/lehrer/lernen_lernen.html

Nützliche Adressen für Österreich

Bundesministerium für Bildung, Wissenschaft und Kultur
Abteilung V/4
(Schulpsychologie-Bildungsberatung)
Freyung 1
1014 Wien
Telefon: 01/5 31 20
E-Mail: schulpsychologie@bmbwk.gv.at
www.bmbwk.gv.at

Landesverband Wien der Elternvereine an den öffentlichen Pflichtschulen
Wipplingerstraße 28
1010 Wien
Telefon: 01/4 07 18 99
Fax: 01/4 06 00 85
E-Mail: landesverband.wien@wbn.wien.at
www.elternverband-wien.at

Verband der Elternvereine an höheren Schulen Wiens (AHS, BMHS)
Friedlgasse 53/4
1190 Wien
Telefon: 01/32 82-24
Fax: 01/32 82 31
E-Mail: elternverband@utanet.at
www.elternverband.at

Internettipps

www.schulpsychologie.at/
www.stangl-taller.at/lerntips
www.peraugym.at/links/lernen.html

Nützliche Adressen für die Schweiz

Schweizerische Vereinigung der Elternorganisationen SVEO
Sekretariat
Fliederstraße 9
8908 Hedingen
Telefon: 01/7 61 83 23
Fax: 01/761 83 42
E-Mail: sveo@rat.ch
www.sveo.rat.ch

Verband SKJP
Schweizerische Vereinigung für Kinder- und Jugendpsychologie
Hauptgasse 35
Postfach 1029
4500 Solothurn
Telefon: 0 41/32 6 21 30 30
Fax: 0 41/32 6 21 30 38
E-Mail: info@skjp.ch
www.skjp.ch

Internettipps

www.psychotherapie.ch
Schweizer Psychotherapeuten-Verband

www.praxis-info.ch/lerntherapie.htm
Lerntherapie in der Schweiz

www.schulpsychologie-sg.ch

Lernmaterialien und Ratgeber

Feichtenberger, Claudia: MindMapping® für Kinder
Verlag ÖBV + HPT, Wien 19972
www.e-LISA.at

DUDEN Lernen lernen: Konzentration
Training von Gedächtnis, Wahrnehmung und logischem Denken (4. – 6. Klasse). Dudenverlag, Mannheim 2001
www.duden.de

Endres, Wolfgang u.a.: Lernen mit Kniff und Pfiff
Kleine Lernmethodik (ab 3. Klasse). Beltz Verlag (Reihe BELTZ Lern-Trainer), Weinheim 19957
www.beltz.de

Kowalczyk, Walter/Ottich, Klaus: Hausaufgaben – so klappt's besser
Hilfen und Anregungen für Schüler, Eltern und Lehrer. rororo (Reihe klipp & klar Lerntrainer), Reinbek 1999
www.rowohlt.de

Reuthner, Stephan: Jeden Tag ein bisschen besser Lernen – so geht's!
(5. / 6. Schuljahr). Cornelsen Verlag Scriptor, Berlin 2000
www.cornelsen.de

Schnurbein, von Barbara: Lernen mit Freude und Erfolg
Wie Sie Ihr Kind beim Lernen unterstützen können (Reihe Family Eltern & Kinder). Oncken Verlag, Wuppertal und Kassel 2002
www.family.de